数字经济系列教材

数字经济概论

Introduction to Digital Enconomy

余运江 主编   任会明 副主编

復旦大學出版社

主　编

余运江

副主编

任会明

编委会成员

杨　勋　高　磊　周佳雯　郭　鑫

前言 PREFACE

随着大数据、互联网、人工智能、区块链等数字技术的发展,数字经济逐渐成为推动社会经济生活前进和发展的主要动力,并深刻影响和改变了人们的日常生活和生产方式。数字经济不仅在生产、贸易、航运、金融、消费和投资等方面发挥着重要作用,而且衍生了各种新兴业态,成为推动经济社会进步、产业结构升级的新引擎。

为满足数字经济发展对人才培养的需要,各大高校已逐渐设立"数字经济"本科专业,为社会发展储备了数字经济相关人才。为更好地满足数字经济专业发展和人才培养工作的需求,我们着手了数字经济的教材编写工作,即《数字经济概论》。

在本教材编写的过程中,我们争取从以下五个方面体现教材的特色。

第一,体系完整。全书涵盖数字经济全体系,从概念、理论、特征到分模块、分类别,所选内容成熟,并具有一定通识性、全面性、普适性。学生容易掌握和学习。如前三章为基本知识的讲解,包括相关概念、基本理论等;第四章为数字经济的相关测度和表征的系统介绍;第五章至第七章为分模块讲解分析;第八章至第十二章为数字经济的相关应用分析;第十三章为数字经济的国内外的发展经验对比。

第二,结构完善。全书将宏观、中观和微观系统性地结合,将宏观发展模式、中观组织方式、微观实践模块有机结合,更好地体现数字经济的知识体系,不仅体现出与传统经济的区别,更体现出本书的结构特色。

第三，理论结合实际。本教材不仅全部吸收和数字经济相关的基本理论，还对相关理论进行案例举例，以实践案例指导相关理论，达到理论联系实际的效果。

第四，突出前沿分析。全书在个别模块对数字经济带来的相关经济效应进行分析，不仅突出了数字经济的表现形式，还对数字经济的影响和对社会生活各方面的改变进行了具象分析，具有一定的前沿性。

第五，横向对比问题。本教材不仅包含数字经济与传统经济的区别分析，如第二章第三节；还对国内外数字经济的发展历程和经验进行了详细的讲解，如第十三章。通过现代与传统、国内与国外的相关比较，突出数字经济发展目前所面临的新问题和新挑战。

本教材编写人员及其分工如下：

本教材的最初大纲由余运江教授提出，经由任会明副教授进行补充，最后由余运江教授完善形成教材大纲。大纲确定之后分工完成。各章分工如下：第一章、第二章、第三章由任会明编写，第四章由余运江编写，第五章由郭鑫编写，第六章由杨勋编写，第七章、第八章、第九章由任会明编写，第十章、第十一章由高磊编写，第十二章由周佳雯编写，第十三章由余运江编写。初稿完成后，余运江教授和任会明副教授进行统稿，并进行加工和润色。

数字经济是一门新兴的学科和专业，涉及许多新知识、新理论、新观点和新技术。我们在编写的过程中借鉴了许多中外专家和社会各界的研究成果，包含案例、文献、著作等，引用部分在每页的脚注中已经进行标注，在此也一并表示感谢，如有遗漏，敬请谅解。

余运江

2024 年 7 月于上海

目录 | CONTENTS

第一章 数字经济的产生与发展 ·········· 1
  第一节 数字经济的产生 ·········· 1
  第二节 数字经济的发展脉络 ·········· 6
  第三节 数字经济的研究方法、研究对象与内容 ·········· 10

第二章 数字经济的内涵与特征 ·········· 13
  第一节 数字经济的内涵界定 ·········· 13
  第二节 数字经济的特征 ·········· 16
  第三节 数字经济与传统经济的比较 ·········· 18

第三章 数字经济的基础理论 ·········· 23
  第一节 数字经济的基本理论 ·········· 24
  第二节 数字经济的生产者与消费者 ·········· 29
  第三节 数字经济的网络外部性效应 ·········· 35
  第四节 数字经济的运行基础 ·········· 36

第四章 数字经济的衡量与测度 ·········· 39
  第一节 数字经济测度的指标选择 ·········· 39
  第二节 数字经济测度的方法 ·········· 45

第三节　数字经济各要素的测度 ·················· 47

第五章　互联网与大数据 ·················· 51
第一节　互联网的含义与特征 ·················· 51
第二节　大数据的含义与特征 ·················· 56
第三节　互联网、大数据对数字经济发展的影响效应 ·················· 58
第四节　互联网、大数据的案例分享 ·················· 65

第六章　区块链与云计算 ·················· 68
第一节　区块链的含义与特征 ·················· 69
第二节　云计算及其应用 ·················· 85
第三节　区块链、云计算对数字经济发展的影响 ·················· 90

第七章　人工智能 ·················· 95
第一节　人工智能的含义与特征 ·················· 95
第二节　人工智能的发展 ·················· 98
第三节　人工智能对数字经济发展的影响 ·················· 101
第四节　人工智能的案例分享 ·················· 103

第八章　数字产业 ·················· 107
第一节　数字产业的形成与特征 ·················· 107
第二节　农业数字化转型 ·················· 110
第三节　服务业数字化转型 ·················· 112
第四节　工业数字化转型 ·················· 115
第五节　数字经济对产业发展的影响 ·················· 117

第九章　数字金融 ·················· 120
第一节　数字金融的含义与特征 ·················· 121

第二节　数字金融的测度方法 ································· 125
　　第三节　数字金融与传统金融的区别与联系 ············· 126
　　第四节　数字金融的经济效应 ································· 130

第十章　数字贸易 ·· 133
　　第一节　数字贸易的含义与特征 ····························· 133
　　第二节　数字贸易的理论基础 ································· 140
　　第三节　数字贸易的经济效应 ································· 146

第十一章　数字商务 ·· 150
　　第一节　数字商务的含义与特征 ····························· 151
　　第二节　数字商务应用的驱动力与障碍 ··················· 153
　　第三节　数字商务的应用场景 ································· 155
　　第四节　数字商务的经济效应 ································· 161

第十二章　数字治理发展 ··· 164
　　第一节　数字治理的理论内涵 ································· 165
　　第二节　数字治理的应用场景与实践 ······················ 167
　　第三节　全球数字治理的发展历程 ·························· 172
　　第四节　数字治理的未来发展趋势 ·························· 176

第十三章　国内外数字经济发展经验 ···························· 182
　　第一节　美国数字经济发展经验与成效 ··················· 182
　　第二节　英国数字经济发展经验与成效 ··················· 185
　　第三节　中国数字经济发展经验与成效 ··················· 187

参考文献 ·· 189

第一章

数字经济的产生与发展

本章学习要点

1. 了解数字经济产生的背景；
2. 理解数字经济的相关概念；
3. 掌握数字经济的发展脉络；
4. 掌握数字经济的相关研究方法以及研究对象。

近年来，数字经济发展迅猛，以互联网、大数据以及人工智能等为代表的数字技术发展之快，正在影响人们的方方面面。但是数字经济区别于传统经济，人们在享受数字经济带来的便利的同时，应重点思考以下问题：

(1) 在日常生活中，哪些现象属于数字经济的范畴？
(2) 数字经济和传统经济的区别是什么？
(3) 数字经济包含哪些内容？
(4) 试举例如果没有数字技术，你的生活会变成什么样？

第一节 数字经济的产生

一、数字经济的产生

20世纪90年代，互联网的使用不再局限于政府、学校和相关研究部门，独立的商用互联网开始在全球范围内广泛普及并应用,人类社会的第五次科技革命正式拉开帷幕,随之涌现的是一大批的新兴产业和组织形态。这种不同于传统生产方式和经营模式的新型经济形态,即数字经济,为经济社会发展提供了新的增长动力,再一次改变了人类的生活工作方式。数字经济(digital economy)作为一个独立词组起源于美国。1993年,在时任美国总统克林顿(Clinton)和副总统戈尔(Gore)提出的"国家信息基础设施"高科技计划下,美国率先在世界高技术领域掀起数字革命,旨在以互联网为基础建设信息时代的"信息高速公路",使海量的信息资源可以更加快速便捷地流动传播。"信息高速公路"计划的实施,促使美国国内的电信业、软件和信息技术服务业、电子信息制造业等重点信息产业迅速发展,降低了能源消耗和污染,提高了劳动生产率,提供了巨大的社会经济效益,数字经济初见雏形。

1994年3月1日的《圣地亚哥联合报》中,一篇关于密码学能够提供数字签名来验证交易和消息的报道首次提出了"电子数字经济(electronic digital economy)"的说法。1996年,美国经济学家唐·塔普斯科特(Don Tapscott)在著作中对数字经济的特征进行了详细的描绘,并预测了互联网将给人们的经济生活带来哪些改变,数字经济首次走进大众视野并引起了巨大反响。在这一时期,美国经济出现了高增长、低通货膨胀、低失业率的繁荣景象,信息技术产业的发展壮大被认为是促进美国新经济的重要因素。1998年,美国商务部着重分析了信息这一核心要素资源对宏观经济和微观经济的决定性作用,并测度了包含计算机硬件工业、软件服务业等一系列新兴产业的数字经济规模。这篇名为《新兴的数字经济》的报告引发了全世界对于"什么是数字经济"以及数字经济在经济增长中的作用影响的广泛关注。随后美国商务部陆续发布的《新兴的数字经济Ⅱ》《新兴的数字经济2000》进一步系统地完善了对于数字经济的界定和量化体系,将数字经济的概念推向全世界。21世纪之后,世界各国逐渐开始关注数字经济,并且相继出台有关数字经济发展的战略和相关政策。与此同时,联合国、经济合作与发展组织等各大国际组织也陆续采取相关行动以推动数字经济的发展。至此,基于信息技术革命的数字经济成为人类社会发展的又一重要经济形态。①

---

① 《数字经济是一种新的经济形态》(2017年9月15日),腾讯研究院,https://www.sohu.com/a/192197288_455313,最后浏览日期:2024年7月4日。

伴随科技的迅猛发展,数字经济无所不在,并逐渐渗入人们的生活和工作中。数字经济是通信技术和信息革命共同影响下的成果,其影响范围已覆盖了信息和通信技术的范畴,并覆盖了社会经济活动的所有部门,如零售、运输、金融服务、制造业、教育、医疗以及新闻媒体等行业。数字经济这一概念从1990年代启用并沿用至今,但在学术界和行业界依然没有统一的定义。图尔班(Turban)和沃洛尼诺(Volonino)把数字经济定义为:利用全球化的信息互动和交流而实现的高科技经济。他们认为一些学者交替使用不同构造的术语,即"数字经济"与"新经济"来强调高增长、低通胀、低失业率。数字经济的定义不仅仅是互联网经济,还包括社会经济活动中所产生的其他信息和通信技术。数字经济是经济的重要组成部分,其主要是基于数字技术在互联网上进行商品交易和服务。[1]

从2000年开始,移动通信技术取得快速突破,实现了从3G到5G的跨越,移动终端连接和高速数据传输使万物互联成为可能,数字通信技术嵌入经济社会各个层面,"数字经济"概念开始出现,并长期与"互联网经济"并行使用。1996年,塔普斯科特在《数字经济:网络智能时代的前景和风险》(*The Digital Economy: Promise and Peril in the Age of Networked Intelligence*)中正式提出数字经济的概念,认为数字经济是一个广泛运用信息与通信技术(information and communications technology,ICT)技术的经济系统,包含信息基础设施和电子商务交易模式。[2] 随后,尼葛洛庞帝(Negroponte)提出:数字化、信息化和网络化等对人类生产生活方式带来巨大变化,形成全新的数字化生存方式。[3] 在政府层面,日本通产省在1991年开始使用数字经济概念,美国商务部自1998年起连续7年发布《新兴的数字经济》《数字经济》等系列研究报告,引发人们对数字经济的关注。而2001年3G网络服务的推出和2007年以苹果为代表的智能手机发布,真正推动了移动通信和互联网深度结合,使人们能够使用更加便捷高效的信息化服务。特别是在近十年,全球互联网用户数从22.6亿快速攀升至46.6

---

[1] See Efraim Turban and Linda Volonino, *Information Technology for Management: Improving Performance in the Digital Economy*, Wiley Publishing, 2009.
[2] Don Tapscott, "Six Themes for New Learning from 'The Digital Economy: Promise and Peril in the Age of Networked Intelligence'", *Educom Review*, 1996, 31.
[3] 参见[美]尼古拉·尼葛洛庞帝:《数字化生存》,胡泳等译,海南出版社1997年版。

亿,移动互联网用户数占比2.6%,云计算、物联网、大数据、人工智能等数字技术在经济、社会生活各个层面广泛扩散和成熟使用,带来海量的信息数据,数据本身逐渐成为重要的生产要素,数字经济的概念被广泛认可。

二、数字经济相关的其他概念

（一）电商经济

电商经济从广义上定义为：使用各种电子工具而进行的商业经济活动。狭义上定义为：主要通过互联网进行商业经济活动。无论从广义的视角还是狭义的视角,电商经济都覆盖了两个方面：一是基于互联网这个数字平台,没有互联网,就不能叫电商经济；二是在互联网平台上进行的商业活动。电商经济是指基于互联网技术进行商业经济活动的经济范式,它包括电子商务平台、买卖交易、快递配送、网络市场营销等活动,涉及商品买卖、金钱交易、资金流转、信息传递等方面。电子商务的出现,不仅改变了传统的商业模式,也为企业和消费者带来了更多的商机。

（二）平台经济

平台经济既是对传统经济的改造升级,也是颠覆传统经济形态的一场革命。所谓平台就是为买方和卖方提供一个合作和交易的场所或者环境。平台经济包括政府、企业、个人等多种参与主体,平台经济的构成有四个方面：一是数字基础条件与设施供应者,为平台运行提供软硬件支撑,主要主体有电信运营商、软硬件服务商及政府等；二是平台建设、运营及管理者,为平台运行提供技术与服务,这类主体主要是平台企业,例如阿里巴巴和腾讯等；三是应用平台,这里主要是指具体的平台服务,例如淘宝、美团等平台上提供的产品与服务的购买与体验等；四是用户主体,包括供给方用户和需求方用户,平台用户可以通过应用平台进行交互,购买（销售）产品或服务,这里的用户可能是企业,也可能是个人。[1]

（三）互联网+

互联网+是指在知识时代、信息时代下基于互联网本身发展的新业态,也是在知识社会创新2.0推动下由互联网形态演进、催生的经济社会发展新形态。"互联

---

[1] 参见何媛：《平台经济促进农民增收的影响研究》,四川大学政治经济学博士学位论文,2023年。

网+"即为"互联网+传统行业",基于互联网技术,使得互联网与传统行业相融合,利用互联网具备的优势特点,创造新的发展机会。"互联网+"通过其自身的优势,对传统行业进行优化升级转型,使得传统行业能够适应当下的新发展,从而最终推动社会不断地向前发展。通俗而言,"互联网+"就是"互联网+传统行业",利用互联网技术以及平台,让互联网与传统行业进行深度融合,以创造出新的发展模式。它表示一种新的社会业态,需要充分发挥互联网在社会资源中优化配置的作用,将互联网与社会经济各领域进行深度融合,提升全社会的创新力和生产力。

（四）大数据

大数据需要特别的处理技术,需要有效地解决和处理在容忍时间内的数据。大数据技术主要包括大规模并行处理(massively parallel processing,MPP)数据库、数据挖掘、分布式文件系统、分布式数据库、云计算平台、互联网和可扩展的系列软件系统。高德纳公司的定义："大数据"是一种适应性的信息资产,需要新处理模式,并且要有更强的决策力、洞察发现力和流程优化能力。麦肯锡全球研究所的定义：一种数据集合,并且在获取、存储、管理、分析等方面具有海量的数据规模、快速的数据流转、多样的数据类型和较低的价值密度四个特点。大数据技术所具有的战略意义在于：对相关数据进行专业化的技术处理。换而言之,如果把大数据当作一种产业,那么这种产业实现利润的重点在于加强对数据的"加工能力"和"处理能力",通过一系列加工处理从而实现数据的价值。从技术层面看,大数据必须采用分布式的架构模式,才可以对海量数据进行分布式数据挖掘,但它需要依托一系列计算机技术应用。

（五）人工智能

人工智能以计算机科学为依托,是一门由计算机、数学、哲学等多学科交叉融合的新兴学科,是通过研究、开发用于模拟、延伸、扩展和处理人的智能,并制造出一种能通过与人类智能相似的方式做出相应反应的智能机器的一门新的技术科学。人工智能主要研究机器人制造、语言识别、图像识别、语言预处理以及专家系统等问题。人工智能技术主要聚焦图像视觉、语言处理、新媒体分析、适应性学习、群体智能、无人识别系统、智能芯片等核心重点技术。人工智能产业链分为基础层、技术层、应用层等三个方面。基础层主要聚焦芯片研发、大数据处理、算法构建、网络平台等方面;技术层主要包含计算机视觉、语音识别、机器学习、知识图谱等方面;应用层主要覆盖医疗、金融、安防、家居、教育、商业等方面。

（六）区块链

区块链有狭义和广义之分,狭义的区块链是指基于时间演化,将数据模块按照时间顺序进行组合而形成的链式数据结构,并根据密码学的形式构建的不可篡改和伪造的分布式账本。广义的区块链是指利用块链式数据结构验证与存储数据,利用分布式节点共识算法生成和更新数据,利用密码学的方式保证数据输送和访问的安全性,并利用数字化代码组成智能合约,通过编程和操控数据进行的一种全新分布式基础架构和计算范式。区块链是一种集合分布式数据存储、点对点数据输送、识别机制、加密脚本算法等计算机技术于一体的新型应用区块范式。简单来说,它就是一个分布式的记账应用模型,通过去中心化、去信任等方式去单一维稳一个相对可靠稳定的数据库。

（七）云计算

云计算是依附于互联网的一种计算方式,通过此类方式,可进行共享的软、硬件设备或信息数据可根据需求提供给计算机或其他设备。云计算根据相关数据资源的共享以达成一定规模。云计算是分布式计算的一种,它可以基于网络"云"将大量的相关数据通过计算处理程序进而分解成无数个小程序。然后,再通过多个服务器组成的相关系统进行处理和分析,并将得到的相关结果返回给用户。云计算拥有以下几大特点：规模较大、分布式较广、可用性较高、扩展性较好、虚拟化水平高、按需服务性好、网络安全性高。

第二节 数字经济的发展脉络

数字经济的概念早期出现在美国学者塔普斯科特于1996年出版的《数字经济：网络智能时代的前景和风险》一书中,后来美国商务部1998年发布了《新兴的数字经济》报告,由此数字经济的提法正式成型。之后,在各国数字经济发展战略、数字议程的强力推动下,数字经济高速增长、快速创新,并广泛应用于其他传统产业,成为驱动全球经济发展日益重要的新动能。其中,数字经济战略的重点发展领域包括发展通信基础设施、ICT 部门;加强电子政府服务;推动商业部门及中小企业应用 ICT;重点关注卫生医疗、交通运输及教育部门;提升民众数字素养;加强数字身份、隐私和安全;解决诸如网络监管、气候变化等方面的全球挑战。

数字经济源于数字技术的发展和应用。在早期的技术化阶段,数字经济发展高度依赖数字技术。随着计算机的发明和普及,信息化经历了两个高速发展的阶段:20 世纪 80 年代以后,随着个人计算机的大规模普及应用,人类迎来以单机应用为主要特征的第一次大规模数字化;20 世纪 90 年代中期以后,随着互联网的大规模商用,以联网应用为主要特征的网络化带来第二次数字化浪潮。如图 1-1 所示。

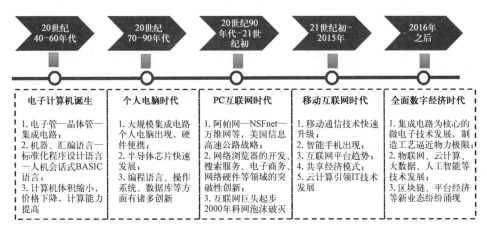

图 1-1　数字经济行业发展历程

中国数字经济的发展大致经历了三个阶段的演变。

第一阶段:信息化建设起步阶段。互联网进入中国之初,相关政策主要集中在信息化建设方面,包括对移动通信网络、空间信息基础设施、软件产业等信息化基础设施、服务和行业的构建和扶持等。

第二阶段:电子商务发展与信息化建设深入阶段。随着互联网产业的蓬勃发展,信息化建设进入新阶段,在深入完善基础设施的基础上,国家在信息资源共享和政府信息公开方面均做出重要规划。

第三阶段:数字经济发展新阶段。随着数字经济上升为国家战略高度,政策以产业规划和指导意见为主,形成了较为明确的产业发展方向和发展目标,同时"数字化转型"也首次写入了五年规划。

我国早期的数字经济探索主要集中于信息化建设和电子商务发展领域,自2015年习近平总书记首次在世界范围内对数字经济发展发表重要论述开始,数字经济逐步上升到国家战略层面,此阶段的政策内容以产业规划和指导意见为主,并形成了较为明确的产业发展方向和发展目标,我国也进入了数字经济发展新阶段。如表1-1所示。

表1-1 中国数字经济发展脉络

发展阶段	发布时间	文件或政策名称	核心描述
信息化建设起步阶段	1999.1	《国务院办公厅转发信息产业部国家计委关于加快移动通信产业发展若干意见的通知》(国办发〔1999〕5号)	移动通信
	2001.7	《国务院办公厅转发国家计委等部门关于促进我国国家空间信息基础设施建设和应用若干意见的通知》(国办发〔2001〕53号)	空间信息基础设施
	2002.9	《国务院办公厅转发国务院信息化工作办公室关于振兴软件产业行动纲要的通知》(国办发〔2002〕47号)	软件产业
	2005.1	《国务院办公厅关于加快电子商务发展的若干意见》(国办发〔2005〕2号)	电子商务
	2006.4	《国务院关于同意建立全国文化信息资源共享工程部际联席会议制度的批复》(国函〔2006〕30号)	文化信息资源共享
电子商务发展与信息化建设深入阶段	2007.4	《中华人民共和国政府信息公开条例》	政府信息公开
	2012.7	《国务院关于印发"十二五"国家战略性新兴产业发展规划的通知》(国发〔2012〕28号)	云计算
	2013.5	《国家发展改革委关于加强和完善国家电子政务工程建设管理的意见》(发改高技〔2013〕266号)	鼓励在电子政务项目中采用物联网、云计算、大数据等新技术

续　表

发展阶段	发布时间	文件或政策名称	核心描述
电子商务发展与信息化建设深入阶段	2014.3	《2014年国务院政府工作报告》	大数据首次写入政府工作报告
	2015.7	《国务院关于积极推进"互联网＋"行动的指导意见》(国发〔2015〕40号)	互联网＋
	2015.8	《国务院关于印发促进大数据发展行动纲要的通知》(国发〔2015〕50号)	大数据
数字经济发展新阶段	2015.12	习近平总书记在第二届世界互联网大会上发表主旨演讲,指出中国将推进"数字中国"建设	数字中国
	2016.5	《国务院关于深化制造业和互联网融合发展的指导意见》(国发〔2016〕28号)	互联网、制造业
	2016.9	《国务院关于加快推进"互联网＋政务服务"工作的指导意见》(国发〔2016〕55号)	互联网、政务
	2016.9	G20杭州峰会发布《二十国集团数字经济发展与合作倡议》	数字经济
	2016.12	《国务院关于印发"十三五"国家战略性新兴产业发展规划的通知》(国发〔2016〕67号)	数字创意产业
	2016.12	《工业和信息化部　财政部关于印发智能制造发展规划(2016—2020年)的通知》(工信部联规〔2016〕349号)	智能制造
	2016.12	《国务院关于印发"十三五"国家信息化规划的通知》(国发〔2016〕73号)	信息产业、数字中国
	2017.1	《工业和信息化部关于印发大数据产业发展规划(2016—2020年)的通知》(工信部规〔2016〕412号)	大数据
	2017.3	《2017年国务院政府工作报告》	数字经济首次写入政府工作报告
	2018.3	《2018年国务院政府工作报告》	壮大数字经济
	2020.3	《工业和信息化部办公厅关于推动工业互联网加快发展的通知》(工信厅信管〔2020〕8号)	工业互联网等新型基础设施建设

续　表

发展阶段	发布时间	文件或政策名称	核心描述
数字经济发展新阶段	2020.3	《工业和信息化部办公厅关于印发〈中小企业数字化赋能专项行动方案〉的通知》（工信厅企业〔2020〕10号）	数字经济、产业集群数字化
	2020.4	《中共中央 国务院关于构建更加完善的要素市场化配置体制机制的意见》	推进政府数据开放共享

第三节　数字经济的研究方法、研究对象与内容

一、数字经济的研究方法

（一）案例分析方法

案例分析方法亦称为个案分析方法或典型分析方法，是对典型的现象进行深入、周密且仔细的研究，从而从整体上获得认知的一种分析方法。例如，研究科学家的方法，可以选取电磁综合法、牛顿综合法乃至爱因斯坦综合法；又如科学决策的研究，就可选取典型的决策事件或方案。该分析法具有代表性、系统性、深刻性、具体性等特点。此方法具体步骤为：第一，明确研究主题，在案例分析进行之前，应该首先确定研究主题，明确研究的相关问题；第二，选取相关案例，选择具有代表性的研究案例，以帮助研究者深入了解研究的相关问题；第三，收集数据，收集研究案例的相关数据，包括调查问卷、访谈、文献资料等；第四，分析数据，对收集到的相关数据进行分析，并在分析过程中提取相关有意义的信息。在分析过程中，可使用各种工具和方法，比如数据清洗、编码、图表制作、文本分析等；第五，得出结论，根据以上分析结果，归总研究结论。

（二）大数据分析

大数据分析是指对规模巨大的海量相关数据进行分析。大数据可以概括为 5 个 V，数据量大（Volume）、速度快（Velocity）、类型多（Variety）、价值（Value）、真实性（Veracity）。大数据分析包含六个基本方面：第一，可视化分析，通过直观的展示数据，让数据自己说话，并让观众听到结果。第二，数据挖掘算法，通过集群、分割、孤立点和其他一系列算法深入数据内部，进而挖掘相关价值。这些算法不仅要处理大数据的量，也要处理大数据的速度。第三，预测性分析能力，其可以让分析员根据可视化分析和相关数据挖掘的结果作出一些预测性的判断。第四，语义引擎，需要被设计成能够从"文档"中自主读取并提取信息。第五，数据质量和数据管理，其为一些管理方面的最佳实践，通过标准化的流程和工具对数据进行处理可以保证得到一个预先定义好的高质量的分析结果。第六，数据仓库，数据仓库的构建是核心，是商业智能系统的基础，承担对业务系统数据整合的任务，并为商业智能系统提供数据抽取、转换和加载（Extract-Transform-Load，ETL），从而根据相关主题对数据进行查询和访问，为联机数据分析和挖掘提供相对应的数据平台。

（三）实证分析

实证分析是一种通过验证的对相关事实的陈述，而此种实证性的陈述则可以简化为某种能根据相关经验数据加以证明的形式。通过运用实证分析法来研究相关经济问题，提出用于解释事实的相关理论，并以此为根据作出相应判断，这也是形成经济理论的过程。实证分析要通过运用一系列的分析工具，比如个量分析与总量分析、均衡分析与非均衡分析、静态分析与动态分析、定性分析与定量分析、逻辑演绎与经验归纳、经济模型以及理性人的假定等系列分析工具。

二、数字经济的研究对象与内容

数字经济的主要研究对象是传统经济活动和以数据为要素的新经济活动。在现实生活中，数字经济的作用是激活和整合生活中的各种隐性和显性要素，并将其提升到触发状态，使显性和隐性要素相互协调，促进经济发展，从而发挥经济效应和价值。数字经济的研究内容见图 1-2。

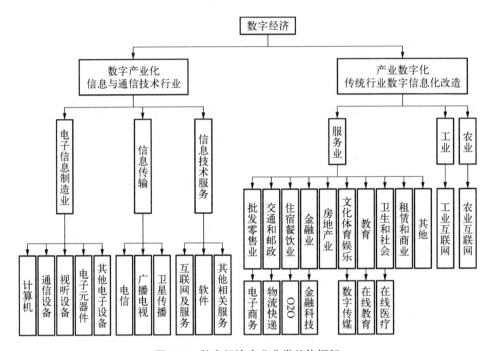

图 1-2　数字经济产业分类总体框架

资料来源：《2021年中国数字经济行业现状及趋势分析,政策助力传统行业与大数据融合》(2022年5月20日),华经情报网,https://www.huaon.com/channel/trend/806223.html,最后浏览日期：2024年7月4日。

 **思考题**

1. 如何区分数字经济与其他经济学的概念？
2. 试阐述数字经济的发展脉络。
3. 数字经济的研究方法和研究内容是什么？

第二章

数字经济的内涵与特征

本章学习要点

1. 理解数字经济的内涵；
2. 掌握数字经济的特征；
3. 了解数字经济与传统经济的区别。

数字经济目前还尚未有统一的学术定义，学术界对数字经济的定义多数来自生活和实践。数字经济的具体特征有哪些，数字经济与传统经济相比较有哪些异同，这些都是亟须了解的问题。本章主要讨论以下问题：

（1）数字经济的概念是什么？

（2）数字经济的特征有哪些？

（3）数字经济与传统经济有什么区别与联系？

第一节 数字经济的内涵界定

一、数字经济的内涵

塔普斯科特最早对数字经济进行了定义：基于 ICT 的创新性发展而产生的一系列经济活动，其核心是以 B2B(business to business)以及 B2C(business to consumer)等电子商务为代表的互联网经济。因此，早期的数字经济通常被认为与电子商务等同,主要包括电子商务的支持设施、电子商务过程和电子商务交易三个部分。例如,美国商务部经济分析局在核算数字经济时就侧重于数字化基础设施、电子商务与数字媒体三个方面,随后又将数字经济的核算范围进一步扩散为包含零售及批发的电子商务项目与云服务等内容。①

数字经济的内涵在不断演进,经历了侧重互联网向重视多种数字技术的研发与应用,再到将数据作为关键生产要素的认识过程。早期研究机构和学者将数字经济的内涵归纳为"基于数字技术的经济"。数字经济内涵延伸到整个经济活动,包括在商业、政府事务和非政府事务中的应用。随着数字技术的应用范围不断扩大,数字经济被泛化为所有数字化经济活动,学术界研究的重点逐渐转移到平台经济、数字化转型,以及数字经济的增长、创新和治理等领域。

陈晓红等人对数字经济进行了相关定义:数字经济是以数字化信息为关键资源,以互联网平台为主要信息载体,以数字技术创新驱动为牵引,以一系列新模式和新业态为表现形式的经济活动。② 根据该定义,数字经济主要包括四个关键内容:一是数字化信息,即图片、文字、声音等储存在一定虚拟载体上并可多次使用的信息③;二是互联网平台,由互联网构成,搭承市场组织,传递数字化信息,如共享经济平台、电子商务平台等④;三是数字化技术,能够解析和处理数字化信息的新一代信息技术,如人工智能、区块链、云计算、大数据等⑤;四是新型经济模式和业态,表现为数字技术和传统产业进行创新融合,比如数字化经济、无人售卖经济等。⑥

根据 2016 年 G20 杭州峰会发布的《二十国集团数字经济发展与合作倡议》,数字经济是指使用数字化的信息和知识作为关键生产要素、以现代信息网络作为重要载体,以信息通信技术的有效使用作为效率提升和经济结构优化的重要

---

① Bea Hajek, "Online Platform Service Providers on Platform 9¾: A Call for an Update of the Unfair Contract Terms Directive", *European Review of Private Law*, 2020, 28(5).
② 陈晓红、李杨扬、宋丽洁等:《数字经济理论体系与研究展望》,《管理世界》2022 年第 2 期。
③ Afërdita Berisha-Shaqiri, "Management Information System and Competitive Advantage", *Mediterranean Journal of Social Sciences*, 2015, 6(1).
④ 李广乾、陶涛:《电子商务平台生态化与平台治理政策》,《管理世界》2018 年第 6 期。
⑤ David J. Teece, "Profiting from Innovation in the Digital Economy: Enabling Technologies, Standards, and Licensing Models in the Wireless World", *Research Policy*, 2018, 47(8).
⑥ 杨飞、范从来:《产业智能化是否有利于中国益贫式发展?》,《经济研究》2020 年第 5 期。

推动力的一系列经济活动。数字经济包括数字产业化和产业数字化两大部分。数字产业化也称数字经济基础部分,即信息产业,具体形态包括电子信息制造业、信息通信业、软件服务业等。产业数字化亦称数字经济融合部分,即传统产业通过应用数字技术带来的产出增加和效率提升。

二、不同视角下的数字经济

学术视角下,通过梳理国内外文献,学术界对数字经济定义为:数字经济的核心是信息技术。数字经济是以数字要素为主要的社会经济数据,大批量数据的处理和分析结果的使用,与传统的管理形式相比可以显著地提高各种类型生产的效率。换而言之,"数字经济"的特点是通过信息的交流和使用,这其中包括个人信息。由于发展的需要,这可能会成为信息、通信及互联网技术的发展驱动,以及促进基础设施的可用性,它们共同提供了在混合世界中所有参与者充分互动的可能性经济活动:创造、分配、交换和消费过程的主体和客体商品和服务。[1] 劳舍尔(Lauscher)认为网络智能时代不仅仅是网络技术、智能机器,而是人类使用技术,将创造力、知识和智力联系起来,在社会和财富发展的形成中取得突破。[2] 马约罗娃(Mayorova)认为数字经济包含信息引入和通信技术。[3] 威廉姆斯(Williams)认为数字经济与互联网密切相关,互联网是数字经济增长的基础。[4]

目前文献中对"数字经济"概念比较认可的是布赫(Bukht)和希克斯(Heeks)对数字经济的划分,他们将其划分为三个层次。[5] 数字经济的第一层也是核心层,包含硬件、软件以及信息和通信技术等。第二层包含大数据、信息网络以及数字技术应用的新商业模式,例如数字服务、平台经济以及共享经济,以上这些

---

[1] Alisher Urinovich Kobilov, Dilyora Pahritdinovna Khashimova and Shakhida Gaybullaevna Mannanova, et al., "Modern Content and Concept of Digital Economy", *International Journal of Multicultural and Multireligious Understanding*, 2022, 9(2).

[2] See Anne Lauscher, *Language Representations for Computational Argumentation*, doctoral dissertation, University of Mannheim, 2021.

[3] L. V. Mayorova, "The Concept of 'Digital Economy': Development in the Regions", in *Proceedings of the International Scientific Conference "Far East Con"* (ISCFEC 2018), Atlantis Press, 2019.

[4] Luyanda Dube Williams, "Concepts of Digital Economy and Industry 4.0 in Intelligent and Information Systems", *International Journal of Intelligent Networks*, 2021, 2.

[5] Rumana Bukht and Richard Heeks, "Defining, Conceptualising and Measuring the Digital Economy", *Development Informatics Working Paper*, 2017(68).

经济介于数字经济和传统经济之间。但狭隘的数字经济中包含了最具代表性的电商经济,它也是数字经济的核心组成部分。第三层的数字经济,覆盖的范围涉及与传统的制造业、服务业的数字化相关的电子商务,以及物联网、互联网、互联网+与数字化转型在现代经济模式中的应用等。

企业视角下,数字经济主要基于企业的数字化转型,主要包括数字产业化和产业数字化。数字化转型是企业利用新型数字技术推动业务流程以及组织变革的创新过程,其引发的商业逻辑重构蕴含着巨大的经济价值和社会价值,越来越多的企业将数字化转型作为构建竞争优势的新契机。在数据驱动、技术支撑、开放协同、互动共享等数字化情境下,重塑与创新企业的生产、运营、平台模式,以及新一轮的产品、技术和服务创新已成为适应数字经济发展的必然选择,企业数字化转型已成为数字经济时代企业获取市场竞争优势的重要战略举措。

政府视角下,数字经济赋能政府管理被称为"数字政府",是指以新一代信息技术为支撑,重塑政务信息化管理架构、业务架构、技术架构,通过构建大数据驱动的政务新机制、新平台、新渠道,进一步优化调整政府内部的组织架构、运作程序和管理服务,全面提升政府在经济调节、市场监管、社会治理、公共服务、生态环境等领域的履职能力,形成"用数据对话、用数据决策、用数据服务、用数据创新"的现代化治理模式。

第二节 数字经济的特征

一、数据成为推动经济发展关键的生产要素

在农业经济时代,经济发展主要依靠土地和劳动等关键生产要素;在工业经济时代,经济发展主要依赖资本和技术等核心生产要素;在数字经济时代,数据成为经济发展主要依靠的关键要素。数据是未来企业和国家之间竞争的核心资产,是未来的"新石油"。农业经济时代和工业经济时代的核心生产要素,正面临着稀缺性的约束。然而,当数据成为一种核心重要的生产要素时,只要有人的活

动,数据的生产就是无尽的,加上数字化技术的复制和共享,从根本上突破了生产要素的稀缺性制约,成为推动社会经济可持续发展的根本动力。

二、数字基础设施成为新的基础设施

在数字经济时代,数据成为推动经济发展的核心生产要素,改变了基础设施的固定形态。在此背景下,一方面需要加大资金投入,推动无线网络、云计算、宽带、云储存、物联网等信息基础设施的普及和推广,加大对劳动力数字素养的培训;另一方面需要利用数字化技术,对传统的企业和基建进行数字化升级,通过在传统基建上安装传感器,实现数字化转型。数字基础设施,是以数据创新为驱动、通信网络为基础、数据算力设施为核心的基础设施。数字基础设施主要涉及5G技术、数据中心、云计算、人工智能、物联网、区块链等新一代信息通信技术,以及基于此类技术形成的各类数字技术平台。

三、供给和需求的界限日益模糊

从传统经济业态看,供给侧和需求侧是处于分离状态的。工业化早期时代物质相对比较稀缺,需求的满足取决于供给的产品数量和品种,著名的萨伊定律供给自动创造出需求,表达了物质较为稀缺的时代背景,供给侧和需求侧之间的相互关系。即便是经济发展到特定阶段,虽基本解决了相对稀缺的问题,可以按照消费者的相应需求来生产产品,但在技术和效率层面不可能实现,因为供给侧和需求侧分离的状态并没有改变。然而,到了数字经济时代,随着数字化技术的发展成熟,推动供给侧和需求侧两者走向融合成为可能。

四、互联网变革了生产关系

数字经济是网络经济,互联网是数字经济的基础载体。数字经济的基础包括数据的采集、处理、分析、传输、利用以及存储等,设备包括互联网尤其是移动互联网、物联网、云计算与存储能力、计算机尤其是移动智能终端,以及将其联系在一起的软件设备平台。在信息发达的今天,信息和知识成为其主要的生产要素,劳动者从体力劳动过渡到脑力劳动,信息普遍转化为资本。生产资料与劳动者之间的交换不再必须依靠资本渠道，才能使生产资料与信息的流动面向社会，因此，传统的生产资料不平等占有现象逐渐减少，相互对立的经济矛盾也逐渐化解。

五、人工智能极大提升了生产力

数字经济是智能经济，人工智能让数据处理能力得到指数级的提升。通过"人工智能＋算法"的数控驱动，实现各领域应用的数字仿真、知识模型、物理模型等和数据模型等的融合，从而实现跨界融合、智能创新和智能服务，极大促进了社会生产力的提升。人工智能技术可以达到无人化生产，促使生产效率得到很大的提升。例如，在制造业中，智能机器人可以替代传统机器人完成之前无法完成的任务，如模糊识别、自主定位等，同时还可以自动化显示整个生产过程，从而实现生产线的连续化和流水化，增强生产效率和质量。人工智能技术可以帮助企业从复杂的数据中快速发现规律和趋势，进行市场预测和风险评估，从而作出更加准确的决策。例如，在金融行业中，人工智能技术可以帮助银行进行客户的信用风险评估，从而提高风险管理的准确性。人工智能技术可以实现智能客服，为客户提供全天的不间断服务，从而提高客户的满意度和忠诚度。例如，在电商行业中，智能客服可以根据相关客户的需求，为其推荐最佳的商品和服务，同时还可以实现自动化的售后服务，从而提高客户的售后体验。

第三节 数字经济与传统经济的比较

数字经济和传统经济在各个方面存在显著的差异。通过多方面对比，两者主要在以下方面中具有较大的差异。

一、数字经济提高了生产效率

数字经济采用信息技术来提高生产效率，以降低生产成本，生产出更高品质的产品和服务。而传统经济依赖于人力生产和人工制作，生产效率和品质往往难以保证。

首先,数字经济通过数字化生产和流程优化,可以实现生产过程的标准化和自动化,降低生产成本,提高资产利用效率。例如,在数字化工厂中,人类和机器人协同工作,可以更快地生产出更高质量的产品。数字经济还可以帮助企业优化供应链、快速响应市场需求,并能够通过大数据分析和人工智能算法预测市场变化趋势,从而优化生产计划和库存管理。这些方式可以帮助企业达到更高水平的生产效率。

其次,数字经济可以提高生产灵活性。数字经济通过互联网技术、人工智能、大数据分析等技术,可以快速响应市场需求,根据市场变化进行生产计划调整,以适应市场变化。数字经济还可以帮助企业改变传统经济的生产模式,使生产变得更加灵活。例如,数字经济可以帮助企业实现论坛化生产方式,让企业可以根据客户的不同需求进行生产。

最后,数字经济还可以提高生产的人力和物力效率。数字经济通过信息技术和智能装备的应用,实现了生产线的智能化和自动化,达到了节约人力和物力的效果。对于企业来说,这是非常重要的部分。在数字经济的背景下,企业不再需要大规模的人力资源和资本投入,生产过程可以更加高效地进行。

二、政府充当更为重要角色

数字技术的广泛使用提高了政府了解市场的能力,促使各级政府可以运用先进的技术手段更好地监督市场、治理市场。而传统意义上的市场经济行为,政府只能采取实地参与、现场调查和规则制定等相对固定的传统监管治理形式。监管强度和治理效率在很大程度上取决于政府对于市场情况的了解程度,特别是对于市场变化的敏锐程度。现如今,在大数据、云计算和区块链等数字技术的加持下,政府可以真正实现对于市场的实时监控,并且通过智能算法对于市场将要发生的变化进行精准预测和实时预警,从而做到防微杜渐,提高市场监管的主动性、预防性和科学性。

如中国证监会于 2018 年出台《中国证监会监管科技总体建设方案》,详细分析证监会监管信息化现状、存在的问题以及面临的挑战,提出了监管科技建设的意义、原则和目标,明确了监管科技 1.0、2.0、3.0 等各类信息化建设的工作需求和工作内容。其中,"监管科技3.0"规划提出,以建设一个运转高效的监管大数据平台为目标,综合运用电子预警、统计分析、数据挖掘等大数据技术,围绕资本市场的主要生产和业务活动进行实时监控和历史分析调查,并辅助监管人员对市场主体进行全景式分析、实时对市场总体情况进行监控监测。这种利用大数据技术的先进监管方案,是数字经济治理能力提升的重要典范。

代表着科技创新方向与产业发展方向的战略性新兴产业,是经济增长和结构转型的动力来源,也是国家实力的重要标志。政府对于数字经济的持续支持和有效治理,是这一新兴产业成长为国民经济关键产业的必要条件。21世纪的前20年,是全球新一轮科技革命和产业变革从蓄势待发到群体迸发的关键时期。信息革命的进程持续、快速推进,各项数字技术广泛渗透于经济社会的各个领域,进而推动传统工业体系分化变革,重塑制造业的国际分工格局。

在这一背景下,数字经济作为关键战略性新兴产业的定位进一步明确。然而,新兴产业同时也是不成熟的产业,存在着专业人才储备相对不足、法规体系建设相对滞后以及相关政策措施不到位等诸多问题。此时,政府的统筹规划和政策扶持无疑至关重要。通过行之有效的数字经济治理,能够营造有利于新兴产业蓬勃发展的生态环境,创新发展思路,提升发展质量,进而推动数字经济成为促进中国经济发展的强大动力。

三、信息更具透明性、对称性

在传统经济中,仅当存在较为严重的信息不对称时,政府才通过构建平台帮助供需双方实现有效匹配,例如农贸市场、小商品批发市场以及就业服务中心。在其他情况下,经济治理的主要工作是维护市场秩序。而在数字经济中,由于大数据等新兴要素和资源具有显著的正外部性,必须由政府参与构建平台才能维护市场秩序、优化资源配置,同时又能增加财政收入。

当企业进入数字化管理模式后,通过数字化工具就能够实现整个企业的信息共享,各类数据由之前的少部分人掌控,变成了分权限的"透明化共享"。信息化管理将多个项目的信息流打通,使各环节的人、责、权划分更为清晰,不但加强了企业各部门之间的有效沟通,及时传递施工相关数据信息,还能针对存在问题,及时进行调整和反馈,不受人员调动和出差的限制,充分提升管理效率。数字化管理模式实际从根本上实现了企业的"信息透明化",并成功将各类分散信息进行了有效串联。"信息透明化"使整个工作流程可以完全在线上完成,这样每个项目的每项动态数据都可以详细呈现在企业系统中,管理层能够通过不同权限进行查看分析。即便是小规模的建设项目也蕴含大量的信息,"信息透明化"的增加将"去伪存真",使得之前存在的大量"隐性信息"被更先进的信息化应用提取出来,让之前没有办法挖掘的部分直观地呈现出来,将诸多的方面细化、量化,让企业真正摆脱管理粗放、漏洞百出的尴尬境地。

数字经济高度发达,传统经济很难实现的信息流"透明化"全流通,现在只需要很少成本就可以实现(线上跨地域、跨时间协作就是典型)。

四、数字经济释放更多收入红利

数字经济开发了更多的商业机会来支持个人和企业的收入增长,同时,互联网和数字技术使得雇员可以远程工作,也可以更灵活地安排工作时间,在某种程度上提高了收入水平。相比之下,传统经济的收入增长受到时间和地域的限制。

从微观企业的角度来看,数字经济可以带来成本的降低。具体来看,一是规模经济效应,企业生产成本主要包括固定成本和边际成本。当企业用户积累到一定程度时,就会触发企业的零边际成本效应。二是规模经济效应,即企业可以依靠某一主营业务积累的用户,低成本发展其他业务,如阿里巴巴淘宝、金融业务等。三是长尾效应,多元化的需求拓展了市场边界,让企业以更低的成本满足更多的尾部和边际需求。

从产业发展中游看,数字经济将带来产业创新效应、产业融合效应和产业关联效应,最终推动产业结构调整和转型升级。产业创新效应是指数字经济底层与ICT直接相关的ICT部门带来的创新;产业融合效应是指数字经济技术应用到传统产业中所形成的产业融合,即数字经济技术在传统产业中所形成的产业融合效应、传统产业的数字化转型;产业联动效应是指在数字经济和技术驱动下,产业间的联动互动,通过高协同效应和正反馈效应,形成互动性强的产业集群,推动传统产业数字化转型融资。

五、数字经济有助于生态环保

数字经济通过应用科技和资源共享来降低能源消耗和排放,不会对环境造成太大的影响。而传统经济的生产和交易往往使用较多的资源,还可能会对环境造成不可逆的损害。

数字经济不断优化资源要素配置效率,其引发的技术创新大幅度提高了生产效率。数字技术可灵活筛选经济社会活动所产生的海量数据,妥善整合生产资源,优化各类经济要素的配置效率。一般来说,资源配置效率更高的企业会不断吸纳优质资源,资源配置效率较低的企业,其生存发展空间将被不断压缩。随着数字技术的推广和应用,企业将主动或者被动地优化自身资源配置效率,加之数字平台能够充分对接市场需求信息与供给信息,大幅降低企业的运行成本,进而提高全社会资源配置效率。从整体上看,这将大幅减少经济发展对自然资源的损耗和对生态环境的污染。同时,以人工智能为代表的数字技术能够实现精准分工协作与生产,在智能物流、智能客服、库存管理等方面发挥重要作用,助力企业大幅提升生产效率。

数字经济依托大数据技术和数字化集成平台,实现空气、水、土壤等方面的生态环境指标实时动态监测,做好人类行为与自然现象的生态风险监测评估,实现"空天地人"一体化的动态监测与调控。同时,可以依托区块链、云计算技术,推动生态资产区块化开发,推动旅游产业、环境产业、生态领域的新兴技术产业、健康产业、养生休闲产业发展。数字经济可建立生态资产数据库,推动生态环境价值评估、生态价值补偿和生态产品交易的数字化。

思考题

1. 数字经济的内涵是什么?
2. 不同视角对数字经济的认知有哪些?
3. 数字经济的特征有哪些?
4. 数字经济与传统经济的区别与联系是什么?

第三章

数字经济的基础理论

本章学习要点

1. 了解数字经济的基本理论；
2. 区分数字经济的生产者和消费者；
3. 掌握数字经济的外部性效应；
4. 理解数字经济的运行基础。

随着数字经济的发展，人们的日常生活已经离不开数字技术的加持，但数字经济依附的基础理论还有待深入探究。数字经济也分生产者和消费者两个方面，这两方面究竟是什么？数字经济的网络外部性效应是什么？又是如何发挥的？围绕着数字经济的基础理论，许多问题值得一探究竟。本章主要讨论以下问题：

（1）数字经济依托的基本理论有哪些？
（2）数字经济的生产者和消费者分别是什么？
（3）数字经济如何发挥外部性效应？
（4）数字经济的运行基础是什么？

第一节　数字经济的基本理论

一、熊彼特的创新理论

1912年,美籍奥地利经济学家约瑟夫·熊彼特(Joseph Alois Schumpeter)出版了《经济发展理论》(*The Theory of Economic Development*)一书,标志着新的经济发展理论,即创新理论由此诞生。熊彼特在创新理论中提出创新的本质是将一种全新的、从没在历史上出现过的生产要素及其相应的生产条件纳入经济系统中,通过新生产函数的构建推动经济不断发展。① 一方面,信息通信网络的快速发展与普及使得人们的日常生活越来越离不开互联网络,不仅推动了人们生活方式逐渐向数字化变革,而且也促进了人们思维观念的数字化变革,从而为经济社会的数字化变革创造了新的条件。另一方面,随着信息与知识的日益数字化,数据作为信息与知识的载体逐渐演变为社会生产与再生产过程中的关键生产要素,不仅推动了以数据为基础衍生而来的新产品、新业态、新模式等,表现出显著的数字产业化趋势,而且借助数据要素的强渗透特性,通过与传统生产要素相结合构成一种新的生产函数,极大地促进了传统产业的数字化变革。

数字经济正在推动人类经济社会发生深刻变革。在不断迭代创新的数字技术推动下,长久以来占据主流地位的传统技术与传统产业必然遭受到变革性的冲击,而旧的经济秩序与结构也逐渐向新的且与数字经济发展相适应的经济秩序与结构转变。一方面,未能通过数字化转型的传统技术与传统产业在被淘汰的同时,也将会产生新产品、新产业、新业态以及新模式等;另一方面,过于单一且已然固化的传统经济中的价格竞争机制,在数字经济的驱动下逐渐由在成本与质量等方面寻求突破的新型竞争机制所取代。在数字技术的不断变革作用下,人类社会生产力与生产效率必然得到全面提升。②

---

① See Joseph Alois Schumpeter, *The Theory of Economic Development*, Transaction Publishers, 1912.
② 宋冬林、田广辉:《经济平台化模式下数据的资本化与资本积累新特点》,《税务与经济》2023年第1期。

二、长尾理论

长尾理论(The Long Tail Theory)是在数字时代提出的一种新理论,最初是用于揭示以亚马逊、网飞等为代表的互联网企业在数字经济时代的商业和经营模式。① 如图3-1所示。在这种经营模式中,长尾理论中的"头部"是指正态分布曲线中凸起部分,代表着更易引起人们注意的重要事物(或热门商品),而"尾部"则对应于正态分布曲线中右边相对平缓的部分,代表着那些不易引起人们关注的事物(或冷门商品)。由"长尾"形成的市场称为长尾市场,又叫利基市场,表示需求未能得到满足的众多小市场。单从市场规模来看,由长尾市场形成的市场需求总规

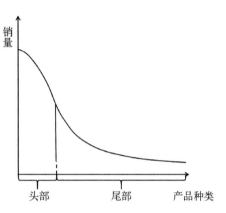

图3-1　长尾理论模型

模并不比头部市场需求规模小,甚至可能会超过头部市场规模,正如克里斯·安德森(Chris Anderson)在其著作中指出"如果把足够多的非热门产品组合在一起,实际上就能够形成一个与热门市场比肩的大市场"。② 以往长尾市场之所以被众多企业忽视,其原因就在于成本与效率,即关注长尾市场获得的收益不足以弥补为此付出的成本和代价,其本质与意大利经济学家帕累托的"二八定律"相一致。

然而,在数字经济时代,随着数字技术的迭代创新与数据要素日益渗透经济社会的各个方面,在互联网能够提供海量商品信息存储空间的情况下,以信息通信网络为载体的数字经济使得人们足不出户便能快速浏览更多商品。在大幅缩短商品搜寻时间的基础上,推动了市场需求日趋多样化与个性化,进而使得以往容易被忽视的众多利基市场逐渐被企业所关注,推动了市场需求由"头部"向"尾部"移动,从而满足了更大的市场需求。因此,可以说,快速兴起并发展的数字经

---

① 宋晓玲:《"互联网+"普惠金融是否影响城乡收入均衡增长?——基于中国省际面板数据的经验分析》,《财经问题研究》2017年第7期。
② Chris Anderson, *The Long Tail: Why the Future of Business is Selling Less of More*, Hachette UK, 2006, pp.1-2.

济使得关注长尾市场的成本和代价得以大大降低,极大地推动了企业所提供的产品与服务由"头部"向"尾部"移动。正如克里斯·安德森所描述的那样,"我们的文化和经济重心正在加速转移,从'头部'少数大热门(主流产品与服务市场)转向'尾部'众多冷门(非主流产品与服务市场),面向特定小群体的产品与服务可以同主流大热门具有同样的经济吸引力"。

由数字技术的迭代创新推动的长尾市场需求重心转移过程可以用图 3-2 来表示。在数字经济时代,一方面,在线产品与服务种类的增加并不会带来成本的明显提高,即边际成本几乎为零;另一方面,产品与服务的网络销售产生的一系列成本也并不会因种类的增加而翻倍,从而可以忽略不计。在此基础上,长尾市场的重心转移将会呈现加速的特点。假设一定时期内的市场需求为 A,且在此期间内保持不变。数字经济带来的长尾市场需求增加必然造成头部市场需求减少,结合长尾市场产品与服务的增加并不会导致相应成本的明显增加,由此必定带来长尾市场利润提升,进而将会推动重心向 A′ 转移。随着线上销售和购物成为日常,

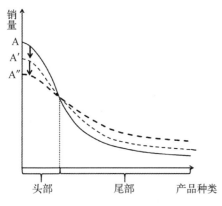

图 3-2 长尾市场的重心转移过程

人们对产品与服务的需求日益多样化与个性化,而这正好与长尾市场中多样化的利基产品相契合,能够满足更多人的个性化需求,市场需求的快速增加必然将会推动长尾市场更快地抢夺头部市场份额,从而推动市场重心加速向 A″ 转移。随着市场重心的加速转移,利基产品的市场份额快速增加,甚至可能超过头部市场份额。

依据长尾理论能够来分析数字经济时代的收入分配差距问题。根据长尾理论,基于成本与效率二者之间的关系,过去企业提供的相关产品与服务大多只限于优质客户(与热门产品相对应),这就意味着经济发展成果更多地倾向于此类群体,体现在正态分布曲线中即处于"头部"的客户群体,而往往忽视分布在正态分布曲线"尾部"的客户群体,从而可能造成整体上的收入差距相对较高。但随

着数字经济的快速发展,其所具有的强渗透性、高创新性与广覆盖性,极大地降低了关注长尾群体所付出的成本和代价,使得以往被排除在外的长尾群体也能够享受到经济发展成果,有助于推动长尾群体收入水平提高,从而可能带来收入差距的改善效应。①

三、产业融合理论

产业融合的本质特征是不同产业或同一产业内不同行业的相互渗透、相互融合,并在此过程中催生涌现出了新的业态和新的产业。当前,产业融合作为一种新型的产业革命,深刻地影响着传统产业结构组织形式和生产模式,打破了产业之间的界限。在工业社会阶段,经济生产过程中主要以资本、劳动、土地等传统生产要素为主,产业之间在要素投入比例和专业化技术方面存在一定的差异,产业之间的融合发生的可能性较小。但随着 5G 通信、区块链、人工智能(artificial intelligence,AI)技术等新一代信息技术和网络基础设施的发展,产业之间的联系变得更加紧密,而且行业壁垒也在信息技术的赋能下被大大弱化,产业融合开始加速并成为现代产业发展的主流趋势。②

传统产业产品及技术的信息附加值也在数字经济与传统产业的融合过程中不断得到提升,实现了价值倍增。高新行业通过数字经济与产品、管理等层面的高度渗透融合,达到了从技术增值、产品增值、管理增值、产业增值四个维度全面实现产业产品价值增长的目的。通过推动技术创新,提高产品智能化和附加值,在产品研发、生产、流通,以及企业管理等环节,全方位多角度地为促进业务创新和管理创新提供了驱动力。数字经济在信息技术的广泛应用过程中正持续地重塑传统商业模式,推动技术融合,实现经济创新,形成了商业经济发展的新潮流。这些技术创新给已有的商业经营模式带来了巨大的创新变革,如移动应用、位置服务、云端储存等新兴商业模式,这些新兴商业模式既给传统商业模式带来了冲击,也为传统商业模式的创新与变革带来机遇。甚至有学者认为,随着新兴技术的不断发展,以大数据、云计算、人工智能等为代表的

---

① 宋冬林、田广辉:《经济平台化模式下数据的资本化与资本积累新特点》,《税务与经济》2023 年第 1 期。
② 单元媛、赵玉林:《国外产业融合若干理论问题研究进展》,《经济评论》2012 年第 5 期。

新一代信息技术产业富含信息化、智能化特征,将逐渐成为未来经济的发展主流。① 数字经济的广泛应用推广将催生诸多高新技术网络单元融合,加速新产品的研发,推动新技术的产生,为制造业绿色转型注入新动力。②

四、梅特卡夫定律③

梅特卡夫定律指出,网络价值与用户数量的平方成正比,即接触和使用网络的人数越多,其价值会以几何级数的速度增长。梅特卡夫定律强调了网络的规模效应:只有大量的用户开始使用网络,其价值才会得到放大;只有网络形成了一定的规模,其价值才能够得到充分释放。这显示出信息资源不同于一般资源的独特特征,即可以无损耗地使用,使用的人越多,获取信息的机会就越多,资源总量反而增大,所以价值就越大。

梅特卡夫定律映射到数字经济时代下的经济增长将改变传统经济报酬递减的规律,使得增长过程显示出边际收益递增的特征。其原因体现在以下四个方面:第一,随着中国经济进入数字经济时代,数据要素成为继资本、劳动和技术之后进入生产函数的新生产要素,拓展了增长边界。梅特卡夫定律表明,数据具有无损耗的特征,可以以极低的成本进行复制并多次使用。这一特性突破了传统要素中存在的资源稀缺性的限制,强化了边际收益递增特征的前提条件。进一步,数据要素与传统要素的有机结合重塑了价值创造的基础,提升了传统生产要素的质量与效率④,使得要素边际报酬的提升率比内生增长情形还更高,对经济增长形成放大、叠加和倍增效应。⑤ 第二,网络资源的平均成本会随着使用人数的增加而下降,其边际成本也随之递减⑥,而梅特卡夫定律表明网络的价值会随

---

① 易瑜、吴莲贵:《湖南省发展新一代信息技术产业问题研究》,《甘肃科技》2014年第16期。
② 参见李凌杰:《数字经济发展对制造业绿色转型的影响研究》,吉林大学产业经济学专业博士学位论文,2023。
③ 参见余进韬:《数字金融的经济增长效应及其机制研究》,四川大学西方经济学专业博士学位论文,2023年。
④ Maryam Ghasemaghaei and Goran Calic, "Assessing the Impact of Big Data on Firm Innovation Performance: Big Data is Not Always Better Data", *Journal of Business Research*, 2020, 108.
⑤ 陈晓红、李杨扬、宋丽洁等:《数字经济理论体系与研究展望》,《管理世界》2022年第2期。
⑥ 李建军、王德:《搜寻成本、网络效应与普惠金融的渠道价值——互联网借贷平台与商业银行的小微融资选择比较》,《国际金融研究》2015年第12期。

着使用规模增加而几何增长,因此,网络规模越大,边际收益就会呈现递增趋势。第三,数字经济具有累积增值性。一方面,数字经济弱化了不同经济部门之间的边界,使得获取信息的成本大大降低,加速了无序信息资源的加工、处理、排序和整合[①];另一方面,数字经济时代下的信息传递几乎不会形成额外的成本,而信息的广泛传播会带来不断增加的报酬,这使得数字经济在带来网络投资收益的同时,还可以获得额外的信息累积收益。第四,网络的虚拟集聚效应加速了信息的充分交流和资源的有效衔接,提升了经济运行效率,优化了资源配置,放大了数字经济的经济效益。综上所述,数字经济时代下经济增长具备边际收益递增的新特征。

第二节 数字经济的生产者与消费者

一、生产者

(一) IT 企业

树立全新的服务理念,从过去的"以产品为中心"转变为"以客户为中心",将产品与服务看作一个整体,共同服务于客户,将产品功能的实现与客户需求的满足统一起来。在企业技术层面上,要加强新技术的学习和研究,与业务部门建立紧密的联系,让技术成为业务发展的支撑;在企业管理层面上,树立全局意识和整体观念,从企业全局和战略高度来研究和解决问题;在企业服务层面上,要积极探索新的服务模式、服务手段和服务方法。[②]

一方面,IT 企业提供了丰富的技术专长和资源,可以帮助企业快速建设数字化基础设施,数字经济的发展离不开稳定高效的计算和网络基础设施,而企业自身可能缺乏建设和管理这些基础设施的专业知识和资源。通过与 IT 企业提供

[①] 赵涛、张智、梁上坤:《数字经济、创业活跃度与高质量发展——来自中国城市的经验证据》,《管理世界》2020 年第 10 期。

[②] 《数字经济如何在企业中落地?》(2023 年 5 月 9 日),CSDN 网,https://blog.csdn.net/weixin_39105981/article/details/130575383,最后浏览日期:2023 年 7 月 2 日。

商合作,企业可以借助其丰富的技术专长和经验,快速建设起数字化基础设施。这包括云计算平台、数据中心、网络架构等关键基础设施,为数字经济的发展提供了坚实的基础。另一方面,IT 企业的规模化应用加速了基础设施的建设。随着数字经济的快速发展,对基础设施的需求越来越大。IT 企业通过规模化的服务和资源整合,能够在短时间内为多个企业提供稳定可靠的基础设施。这种规模化应用不仅提高了基础设施的利用率和效率,还降低了企业建设基础设施的成本和风险。IT 企业不仅具备丰富的技术知识,还积极跟踪和研究新兴技术趋势。通过与企业的合作,它们可以帮助企业进行基础设施的创新和更新,引入新的技术和解决方案,提升基础设施的性能和安全性。这种创新和更新推动了数字经济的发展,并为企业提供了更强大的基础设施支持。[①]

(二) 互联网企业

在互联网企业中,一个特别显著的趋势就是"平台化"。互联网企业通过建立自己的平台,让各类服务提供商和消费者在同一平台进行交易,实现了资源的共享和流通,不仅为企业带来更多的收入,也为用户提供了更多的选择。互联网平台企业作为人工智能技术的重要运用者,已经开发出了多种基于人工智能技术的应用,例如语音识别、智能客服、推荐算法等。这些应用帮助企业提升了服务品质、提高了效率,同时也节省了人力和物力成本。未来,智能化将成为互联网平台企业的主要发展方向。企业需要更强的技术实力和深入的研发投入,不断提升自身的信息技术应用能力,为用户提供更先进、更智能的服务。

开放平台已经成为互联网企业的最重要特征之一。通过开放平台,企业实现了资源的共享、合作伙伴的扩展,进而提升了平台的价值和竞争力。随着互联网企业之间合作的深入和各类技术的不断创新,开放平台将会更加成熟和多样化。企业需要通过不断扩展开放平台的范围和深度,打造更具差异化和吸引力的开放平台生态系统。互联网企业需要保持技术的领先和不断创新。企业需要对自身的技术壁垒进行加强和维护,精耕细作地提升产品和服务质量,进而创造

---

① 《强基赋能数字经济:IT 外包服务的基础设施建设加速》(2023 年 6 月 9 日),上海 IT 外包网,https://www.baidu.com/link?url=zU67HY_xhsxZ3GjWQQgeWHCGOVCsvSNXfi8Y4y5yYb2feSEkcJWxmn1VqugfNLX-4sBQH99AY6pnDf5IdpJFaa&wd=&eqid=ccc3f13000eb79b70000000364d8a51e,最后浏览日期:2024 年 7 月 2 日。

更大的竞争优势。互联网企业需要切实加强信息安全和隐私保护,做好企业信息安全的全方位保护。企业需要更加注重数据安全和隐私保护的管理,不断强化内部安全技术的研发和应用,提高企业信息安全意识和防范能力,维护用户信息安全和隐私权益。①

(三) 信息服务企业

市场机遇和拓展：数字经济创造了全新的市场机遇,使得信息服务企业可以开拓更广阔的市场。通过数字技术和互联网,信息服务企业可以突破地域限制,将产品和服务推向全球市场。同时,数字化也为信息服务企业提供了更多的商业模式和创新方式,例如电子商务、共享经济等,拓宽了信息服务企业的创新渠道。传统的研发模式已经不再适应快速变化的市场需求,而信息化建设使得企业能够更快捷地与外部创新资源进行连接,如开放式创新平台、合作伙伴关系和创新生态系统。通过与外部创新者合作,信息服务企业可以获得更多的创新资源和想法,快速响应市场需求。

信息化建设提高了企业创新的效率和质量。通过信息化建设,信息服务企业可以更加高效地管理和利用内部知识资产,实现知识的共享和协同创新。同时,信息化建设也为信息服务企业提供了更多的创新工具和技术,如虚拟仿真、快速原型制作等,可以加速创新过程,降低创新成本,并提升创新的成功率。信息化建设提供了信息服务企业的开放和透明沟通平台,使得企业内部员工能够更加便捷地分享创新思想和经验,激发创新意识和潜能。同时,信息化建设也为企业创新成果的宣传和推广提供了新的渠道,通过互联网和社交媒体等工具,可以迅速传播企业的创新成果,扩大影响力。

二、消费者

(一) 普通用户

改变消费方式。数字经济使得个人可以通过互联网、移动支付、电子商务等

---

① 《互联网平台企业的未来走向》(2023 年 6 月 6 日),百度文库,https://wenku.baidu.com/view/99ce5bafb84cf7ec4afe04a1b0717fd5370cb238.html?_wkts_=1691921960181&bdQuery=％E4％BA％92％E8％81％94％E7％BD％91％E4％BC％81％E4％B8％9A％E7％9A％84％E5％8F％91％E5％B1％95％E6％96％B9％E5％90％91,最后浏览日期：2024 年 7 月 2 日。

方式,享受到更便捷、更多样、更优惠的商品和服务。个人可以通过在线平台,获取各种信息、娱乐、教育、医疗等内容,满足不同的需求和偏好。数字经济也促进了共享经济、社交电商、直播带货等新型消费模式的发展,为个人提供了更多的选择和机会。

创业创新。数字经济为个人提供了更多的创业创新的可能性和空间。个人可以利用数字技术,如云计算、大数据、人工智能等,降低创业成本,提高创业效率,打造自己的品牌和产品。个人也可以利用数字平台,如微信、抖音、知乎等,展示自己的才华和价值,吸引更多的关注和支持。数字经济也激发了个人的创新精神和能力,促进了新型业态和商业模式的诞生。

就业岗位。数字经济对个人的就业岗位有正面和负面的影响。正面的影响是,数字经济创造了大量的新型就业岗位,如网约车司机、外卖骑手、网络主播、自媒体运营等,为个人提供了更多的就业渠道和收入来源。负面的影响是,数字经济也导致了一些传统就业岗位的减少或消失,如收银员、售票员、客服人员等,给个人带来了就业压力和挑战。

技能要求。数字经济对个人的技能要求有提高和变化的趋势。一方面,个人需要掌握更多的数字技能,如网络搜索、数据分析、编程开发等,以适应数字经济中的工作和生活。另一方面,个人也需要培养更多的非数字技能,如创造力、批判性思维、沟通协作等,以应对数字经济中的变化和竞争。

社会责任。数字经济对个人的社会责任也有提升和强化的作用。一方面,个人需要遵守数字经济中的法律法规、标准规范、伦理道德等,保护自己和他人的数据安全、网络安全、隐私权利、知识产权等。另一方面,个人也需要积极参与数字经济中的公共事务和社会治理,利用数字技术为解决全球性挑战,如气候变化、环境污染、公共卫生等作出贡献。[①]

(二) 企业用户

有助于企业能源知识储存数量增加。企业对未来的规划发展需要有力的资源支持,因此,企业需要大量收集相关信息知识,理论的使用可以很大程度地促

[①] 钱诚:《数字技术对城市治理影响研究》(2023年5月26日),中国经济新闻网 https://finance.sina.com.cn/wm/2023-05-26/doc-imyvauak8469263.shtml,最后浏览日期:2024年7月2日。

进企业发展。在大数据的广泛应用中,企业生产的产品和企业的服务都出现不同的改变,并因此在金融企业发展中出现多样的服务特征,在这个过程中出现不同领域的合作,从多个方面收集到全新的产品知识体系,能够对企业自身的产品做出调节,增强企业竞争力。这也打破了传统的单一抉择,能够促使产品面向更大的群体,能够通过大数据分析,引进符合大众群体的最佳产品,也使产品更加贴合消费者和客户的要求及日常的需要。通过大数据技术的使用,建设数据库房管理企业内部资料,对传统管理服务进行创新创造,帮助员工树立新型服务理念,搭建金融企业人工智能平台,更好地促进企业内部良好发展。通过大数据的研究,能够收集到用户的多方面信息资源,探究其他平台上用户的浏览信息,从而掌握消费者的各种需求变化,将其融入企业内部产品的制作。同时也能发展用户个性化制作,与其他信息平台建立联系,使企业能够探寻到更多信息数据,能够为企业下一步决策建立基础,从而设立合理科学的战略规划。

深入探究企业内部信息。在现代数字经济发展下,数字经济全球化已经成为日常企业管理中所必须考虑的因素,在以往的企业管理中一家企业的内部数据种类及数量复杂庞大,而在现代的发展下,大数据技术的引进对传统管理方式做出了改变,将人力、物品资源、资金的管理都作了合理的安排,数据得到有效的整理和安排。

提高企业内部决策精准性。对企业的发展来说,企业内部规划决策需要具有高效的精准度,还需要具备前瞻性,掌握市场发展规律以及变化常态,因此大数据技术在这一方向上具有重要的地位,大数据技术提供的帮助,可以促使企业搭建良好的信息平台中心,同时对市场不利因素的反馈进行收集,及时更新市场和消费者之间的关系变化,对企业产品报价做出调整,对企业内部决策提供有力的支持,对企业的规划进行合理制定。在真实合理的信息支持下能够为企业下一步工作提供有效的帮助,从而在市场上占据绝对的地位,进而体现了企业内部的高质量决策。①

---

① 《数字经济下给企业带来的影响有哪些》(2022年12月2日),百度,https://www.baidu.com/link?url=c8y9_bWn9xsi6DnZj56LqDUeqOLqtjD8r7nOeYQQ6imjyg7jTGINX5WVjixOJYFt5NS5Z2HHtqEhdG2μWZBorBYtkIHUFyDYnTTnN7StxW&wd=&eqid=a5ef53e90005260d0000000364d8b80e,最后浏览日期:2024年6月22日。

(三) 政府机构

政府通过数字化转型,构建个性化的精准公共服务平台。借助广泛的数据流动和分析,利用大数据对公共服务消费端实现精准画像,基于精准画像,智能推送消费者关注度高、历史办理业务相关度高的公共服务,变被动式服务为主动式服务,变普适化服务为精准化服务,提升用户服务感知,实现公共服务随需可得。

政府通过在线化的移动公共服务平台,通过编制、完善、应用接入标准规范,推动移动公共服务平台功能扩张,深化纳入行政审批、交通出行、健康服务、挂号预约、在线教育等应用,同步推进移动公共服务平台县(市)、区频道的建设,汇聚更多的政务和公共服务,让市民、企业只需通过一个手机办事,实现政府端到公共服务端的随处可得。

政府通过数字化转型实现场景化,使公共服务随处可得。构建场景化的智能公共服务平台,聚焦人工智能技术的支撑服务能力,依托面向应用需求的人脸识别、图像识别、语音识别、文本语义理解、自动化感知和调控等基础能力编排,应用于公共服务事项的全生命周期内,以期减少公共服务消费者的行政负担、解决长时间等待问题,为提高速度和提升治理的同时又降低成本提供了可能性,形成场景化服务,实现公共服务的随时可得。

政府通过数字化转型,更重视反馈渠道的构建。数字经济背景下,公共服务管理端将重视公共服务反馈渠道的构建。依托政务服务热线,搭建在线交流互动与服务评价反馈平台,为政府直接听取、了解民意提供电话、短信、APP、小程序、网络等多沟通渠道,助推政府管理服务从"被动反馈型"到"主动出击型"的转变,促进公共服务形成良性的闭环管理。此外,优化完善智能分拨系统,健全政务服务事项管理知识库,推动服务咨询、建议和投诉智能分拨,使电话、小程序等直通业务部门,实现业务部门与社会大众的直接互动。

政府通过数字化转型,更侧重智慧管理的应用。公共服务管理端不仅更侧重政府社会管理能力的智慧化,包括涉及国家安全、国民经济、民生福祉的重点领域,如公共安全、社会信用、民主法治等智慧化应用;还侧重对城市的综合治理各行业的服务建设发展方向进行探索与引领,具体包括对智慧医疗、智慧交通、智慧教育、一体化社会保障服务、智慧社区公共服务、智慧住房保障服务等的业务应用。公共服务管理端将依靠数字化、智慧化不断提升自身服务品质、提升管理端的社会管理能力和城市综合治理能力。①

第三节　数字经济的网络外部性效应

数字经济具有强渗透性的特点,能够迅速地进入经济活动的各个方面,催生出经济新业态和新模式,加速数字经济与实体经济的渗透和融合②,从而延展了技术边界,拓展了增长空间,由此带来网络的正外部性。网络外部性强调的是,产品对于用户的价值随着其他用户的增加而不付出成本,基于数字技术的网络外部性使得数字经济对于经济活动的影响不再局限于固有范畴,进一步将空间范围扩展至地理区域与要素流动交互的新型网络空间,赋予了经济增长空间溢出的新特征。③

伊尔马兹(Yilmaz)等人是较早关注信息技术在地理距离上表现出空间效应的学者,并基于美国州级数据考察了信息基础设施带来的空间溢出效应。④ 凯勒(Keller)从知识溢出的角度对空间距离进行了补充。⑤ 基于中国的经验证据,同样也支持了数字金融和数字经济在空间上存在溢出效应,郭峰等人研究发现互联网金融存在较强的正向空间集聚效应⑥,杨慧梅和江璐研究发现数字经济对全要素生产率的影响存在显著的空间溢出效应。⑦ 因此可以推断:数字经济必然也会对经济增长产生空间上的影响,赋予其空间溢出的新特征。其原因在于:一方面,经

---

① 黄文金、张海峰:《数字经济将全面影响政府公共服务》,《中国电信业》2019 年第 12 期。
② 蔡跃洲、张钧南:《信息通信技术对中国经济增长的替代效应与渗透效应》,《经济研究》2015 年第 12 期。
③ 王俊豪、周晟佳:《中国数字产业发展的现状、特征及其溢出效应》,《数量经济技术经济研究》2021 年第 3 期。
④ Serdar Yilmaz, Kingley E. Haynes and Mustafa Dinc, "Geographic and Network Neighbors: Spillover Effects of Telecommunications Infrastructure", *Journal of Regional Science*, 2002, 42(2).
⑤ Wolfgang Keller, "Geographic Localization of International Technology Diffusion", *The American Economic Review*, 2002, 92(1).
⑥ 郭峰、孔涛、王靖一:《互联网金融空间集聚效应分析——来自互联网金融发展指数的证据》,《国际金融研究》2017 年第 8 期。
⑦ 杨慧梅、江璐:《数字经济、空间效应与全要素生产率》,《统计研究》2021 年第 4 期。

济活动自身存在着空间联系,这种联系不仅表现地理区位的邻近,还表现在组织关系的相关性方面,比如区域之间的文化习俗、社会环境等组织关系因素都会对经济增长产生一定影响[1],例如相近文化的地区更容易实现知识的快速吸收和传播;另一方面,数字经济的网络化逻辑重构了区域经济中点、线、面的内涵,重塑资源配置的路径,将时间拓展成空间的新属性,产生了新的空间组合模式,同时,数字经济通过突破时空限制、压缩地理距离来调动知识、信息和技术,推动了生产要素的跨时空流动、融合和协同,增强了区域间经济活动的联动性,扩展了经济增长的区域场域,从而使得经济增长表现出空间溢出的新特征。[2]

第四节　数字经济的运行基础

一、数字化的知识和信息是数字经济的"原材料"

农业经济时代的关键生产要素是劳动力和土地,工业经济时代的关键生产要素是资本和技术,而数字经济时代,数据成为关键生产要素。数据作为新型生产要素进入价值创造环节,不仅推动了土地、资本、劳动力等传统生产要素的流动和共享,也实现了全新的价值创造,还带来了经济社会各领域全要素生产率的提升。研究显示,以"数据驱动型决策"模式运营的企业,其生产力普遍可以提高5%—10%。

二、数字技术是数字经济发展的"基石"

以大数据、物联网、人工智能为代表的信息技术呈现群体性、爆发式的突破,成为数字经济发展的中坚力量。数字技术带来的感知、连接、数据无处不在,它与传统产业深度融合,不断改变发展理念,催生商业模式,赋能产业链条。经济

---

[1] 李婧、谭清美、白俊红:《中国区域创新生产的空间计量分析——基于静态与动态空间面板模型的实证研究》,《管理世界》2010年第7期。
[2] 参见余进韬:《数字金融的经济增长效应及其机制研究》,四川大学西方经济学专业博士学位论文,2023。

活动所需要的传统意义上的时空因感知、连接、数据和信息技术的发展而被不断压缩、虚拟,带动人类社会快速发展,促进社会经济快速发展。

三、数字产业化和产业数字化构成数字经济的"内核"

数据和数字技术的生产和应用共同构成了数字经济的"内核",即数字产业化和产业数字化。数据生产要求发展一系列高新技术和产业,这一要求既推动了电子信息制造业、信息通信业、软件服务业等信息产业的发展,又催生了以共享经济、平台经济等为代表的一系列全新的商业模式,是为"数字产业化";数字技术在经济社会各领域的融合应用主要表现为用数字技术改造提升农业、工业、服务业等传统产业,是为产业数字化。可以说,数字经济的内容不仅仅涵盖着信息产业本身,也包括数字技术在各行各业的应用,是在数字技术开发利用集成基础上开展的全部产业、贸易、金融、消费等经济活动。

数字经济作为农业经济、工业经济之后的新型经济形态,呈现出高成长性、广覆盖性、强渗透性以及跨界融合、开放共享等与生俱来的特性,它更容易形成规模经济和范围经济,实现全域性的经济增长,也体现了更明显的经济发展特征。

四、数据成为新的关键生产要素

随着数字经济与经济社会的交汇融合,数据呈现爆发式增长趋势,每年增长50%,每两年翻一番,成为企业经营决策的新驱动、商品服务贸易的新内容、社会全面治理的新手段,带来了新的价值增值。更重要的是,相比其他生产要素,数据资源具有可复制、可共享、无限增长和供给的特性,打破了传统要素有限供给对增长的制约,为持续增长的永续发展提供了基础和可能。

五、数字技术是创新的原动力

通用目的的技术进步和变革是推动人类经济社会阶跃式发展的核心动力。数字技术的创新和推广普及,是当今社会变迁的决定性力量。区别于传统的技术,数字技术进步超越了线性约束,呈现指数增长态势。近午来,随着大数据、互联网、云计算、人工智能等数字技术的进步和发展推动着数字经济的发展。人工智能、区块链等前沿技术正加速进步,产业应用生态持续发展和完善,未来发展动力不断强化。此外,数字技术加速与工业制造、生物、化学、能源等行业技术融合,带动了群体性突破,全面拓宽了人类知识和增长的空间。

六、信息产业为数字经济发挥基础性先导作用

信息通信产业是数字经济时代驱动发展的基础性先导产业。信息通信产业领域创新活跃,引领带动作用强。数字技术是技术密集型产业,动态创新是其基本特点,强大的创新能力是竞争力的根本保证。

七、产业融合是推动数字经济发展的引擎

一方面,数字经济加速向传统产业渗透,通过与传统产业融合,催生了O2O(online to online)、分享经济等新模式新业态;另一方面,传统产业数字化、网络化、智能化转型步伐加快,推动新旧动能持续转换。传统产业利用数字经济带来的产出增长,构成了数字经济的主要部分,成为驱动数字经济发展的引擎。

八、多元治理是数字经济的核心治理方式

数字经济是一个复杂的生态系统,海量主题参与市场竞争,线上线下融合成为发展常态,跨行业跨地区竞争日益激烈,导致老问题在线上被放大,新问题又层出不穷,仅依靠政府监管难以应用。将平台、企业、用户和消费者等数字经济生态的重要参与主体纳入治理体系,发挥各方在治理方面的比较优势,构建多元协同治理方式,成为政府数字治理创新的新方向。

思考题

1. 数字经济学的基本理论有哪些?
2. 如何理解数字经济学的生产者和消费者?
3. 如何理解数字经济的网络外部性效应?
4. 数字经济的运行基础是什么?

第四章

数字经济的衡量与测度

本章学习要点

1. 了解数字经济的指标选择有哪些;
2. 了解数字经济的测度方法有哪些;
3. 理解数字经济各要素是如何测度的。

随着数字经济的快速发展,数字经济的表征越来越重要。互联网、大数据、人工智能、云计算等在人们的生活中扮演的角色越来越重要。但是由于数字经济尚未有明确的指标表征,所以如何对数字经济进行衡量和测算就显得尤为重要。本章将重点介绍数字经济的衡量与测度。在本章学习过程中重点思考以下几个问题:

(1) 有哪些数字经济活动可以作为数字经济的衡量指标?
(2) 数字经济的测度方法是什么?

第一节 数字经济测度的指标选择

一、中国数字经济指标的选择

数字经济包含数字部门、数字服务与平台经济、数字经济广义层三个层面,分别包括硬件或软件智能制造、IT 相关产业和平台、电子商业与算法经济等。① 目前,关于数字经济发展水平的测度并没有统一标准,国内数字经济相关测度多数参考中国信息通讯研究院的数字经济概念和指数②以及腾讯"互联网+"数字经济指数。③ 中国信息通讯研究院从数字产业化、产业数字化、数字化治理、数据价值化的角度对数字经济的内涵进行阐释。腾讯"互联网+"数字经济指数偏向于互联网企业层面数字经济发展状况测度,但缺乏对数字产业和数字基础层面的量化分析。刘军等从信息化发展、互联网发展和数字交易发展三个维度构建了中国数字经济评价指标体系,在省域尺度层面进行了分析。④ 徐维祥等从数字基础设施、数字产业发展、数字创新能力、数字普惠金融四个层面测度中国数字经济发展水平。⑤ 柏培文等从数字经济与实体经济融合角度提出了数字经济测度维度,包括数字产业活跃度、数字创新活跃度、数字用户活跃度、数字平台活跃度等。⑥

构建数字经济指标体系需要经过计算得到的数据,要明确计算方法。为了全面科学反映中国各省、市和自治区数字经济发展的具体情况,基于国内外研究成果,从指标体系的构建原则出发,注重数字经济与实体经济融合发展态势,从数字产业、数字创新、数字用户、数字平台四个维度对数字经济发展水平进行综合测度,选取 4 个二级指标、8 个三级指标。如表 4-1 所示。

表 4-1 中国城市数字经济综合发展水平评价指标体系

一级指标	二级指标	三 级 指 标	指标属性
数字经济综合发展指数	数字产业	计算机软件业、互联网行业就业人数占比/%	+
		计算机软件业、互联网行业占全社会固定资产比重/%	+

---

① 许宪春、张美慧:《中国数字经济规模测算研究——基于国际比较的视角》,《中国工业经济》2020 年第 5 期;徐维祥、周建平、刘程军:《数字经济发展对城市碳排放影响的空间效应》,《地理研究》2022 年第 1 期。
② 《中国数字经济发展白皮书》(2020 年),中国信息通信研究院,http://www.caict.ac.cn/kxyj/qwfb/bps/202007/t20200702_285535.htm,最后浏览日期:2024 年 7 月 2 日。
③ 王彬燕、田俊峰、程利莎等:《中国数字经济空间分异及影响因素》,《地理科学》2018 年第 6 期。
④ 刘军、杨渊鋆、张三峰:《中国数字经济测度与驱动因素研究》,《上海经济研究》2020 年第 6 期。
⑤ 徐维祥、周建平、刘程军:《数字经济发展对城市碳排放影响的空间效应》,《地理研究》2022 年第 1 期。
⑥ 柏培文、张云:《数字经济、人口红利下降与中低技能劳动者权益》,《经济研究》2021 年第 5 期。

续 表

一级指标	二级指标	三级指标	指标属性
数字经济综合发展指数	数字创新	人均科学技术支出/万	+
		每万人数字经济相关专利数/个	+
	数字用户	每万人国际互联网用户数量/户	+
		每百家企业拥有网站数/个	+
	数字平台	域名数（取对数）	+
		网站数（取对数）	+

数字经济的发展依赖于信息技术的发展，在数字经济发展的过程中，数字经济可通过数字平台进行信息获取、传递和交换，都是以软件业和信息技术产业为基础。因此，衡量这一部分的指标从计算机软件业、互联网行业两个方面考虑，相应选取产业规模的指标有计算机软件业、互联网行业就业人数占比和计算机软件业、互联网行业占全社会固定资产比重2个三级指标。

数字创新是指利用数字技术和应用程序来改进业务流程和员工绩效，改善客户体验，引入新产品或商业模式，利用数字技术和创新思维改变传统业务和工作模式，以提升效率、降低成本、创造新价值的过程。数字创新能提高企业的竞争力，通过数字化的手段，更好地满足和理解客户的需求，提供更好的产品和服务。数字创新能够改变传统业务模式，创造新的商业模式。衡量数字创新的指标主要聚焦在科学技术领域，主要从科学技术支出、数字经济相关专利两个方面考虑，相应选取人均科学技术支出、每万人数字经济相关专利数2个三级指标。

数字用户随着数字技术的不断发展，已经成为日常生活中不可或缺的一部分。数字用户指的是那些借助数字技术进行交流、娱乐、购物、工作等活动的人群。这些人群利用数字设备（如手机、电脑、平板等）和网络资源（如互联网、云服务等）实现信息共享和服务获取。[①] 数字用户的兴起对商业模式和服务模式都带来了巨大

---

① 《数字化用户是什么？》（2023年4月18日），数字化转型网，https://baijiahao.baidu.com/s?id=1763495584250961858&wfr=spider&for=pc，最后浏览日期：2024年7月2日。

的影响。数字用户的出现让企业和服务提供商必须更加关注用户需求和体验,提供更加便捷、高效、个性化的服务,才能在激烈的市场竞争中立于不败之地。同时,数字用户也为企业带来更多的商业机会,如通过数字化营销手段吸引用户关注、建立用户黏性等。所以衡量这一部分的指标主要聚焦在互联网以及网站的用户数量方面,相应选取每万人国际互联网用户数量、每百家企业拥有网站数2个三级指标。

数字平台是一套为满足群体即时、互动沟通与现场决策等需求而开发的一体化智能设备。其以数据为中心的业务管理和运营策略引入传统企业,为企业提供高效率、低成本的核心业务流程应用。数字平台应用最广泛的领域是企业财务和生产领域。在这些应用中,数字平台与基于数据仓库的商业智能、数据挖掘和人工智能有机地结合起来,帮助企业实现对客户、市场和内部资源的快速反应。所以衡量这一部分的指标主要聚焦在网站和域名,相应选取域名数和网站数2个三级指标。

二、其他国家数字经济指标的选择[①]

(一)美国BEA数字经济统计测算

2020年8月,美国经济分析局(Bureau of Economic Analysis,BEA)对2018年的数字经济分类标准(数字智能基础设施、电子商务和数字媒体三部分)进行了修正,修正后的分类包括基础设施、电子商务、其他收费数字服务三类。如表4-2所示。根据BEA测算,其他收费数字服务是美国数字经济的第一大行业,占比47.5%;电子商务是第二大行业,占25.1%,其中B2B占16.8%、B2C占8.3%;软件、硬件和云服务分别占13.4%、10.1%和3.7%。

表4-2 美国BEA数字经济统计测算指标

一级指标	二级指标
基础设施	计算机硬件
	计算机软件
	相关支撑基础设施

[①] 魏贝、周振松:《国内外数字经济统计测算方法研究》(2021年5月12日),赛智时代,https://baijiahao.baidu.com/s?id=16995466339986303558&wfr=spider&for=pc,最后浏览日期:2024年7月2日。

续 表

一 级 指 标	二 级 指 标
电子商务	B2B 电子商务
	B2C 电子商务
	P2P 电子商务
其他收费数字服务	云服务
	数字中介服务
	其他收费数字服务

(二) 英国 DCMS 数字经济统计测算

英国数字、文化、媒体和体育部(Department for Digital, Culture, Media and Sport, DCMS)把数字经济划分为九个子行业：电子产品和计算机制造；计算机和电子产品批发；出版(不包括笔译和口译)；软件发布；电影、电视、视频、广播和音乐；电信；计算机编程、咨询和相关活动；信息服务活动；计算机和通讯设备维修。2019 年，英国数字部门增加值为 1 970.311 亿英镑，占经济总增加值(Gross Value Added, GVA)的 8.3%。如表 4-3 所示。

表 4-3 英国 DCMS 数字经济统计测算指标

一 级 指 标	二 级 指 标
电子产品和计算机制造	电子元件制造
	电子负载板的制造
	计算机及外围设备制造
	通信设备制造
	消费电子产品制造
	磁性和光学介质的制造

续表

一级指标	二级指标
计算机和电子产品批发	计算机、计算机周边设备及软件批发
	电子及电讯设备及配件批发
出版	图书出版
	发布目录和邮件列表
	报纸出版
	期刊出版
	其他出版活动
软件发布	其他软件发布
电影、电视、视频、广播和音乐	电影、录像和电视节目制作活动
	电影、录像和电视节目后期制作活动
	电影、录像和电视节目发行活动
	电影放映活动
	录音和音乐出版活动
	无线电广播
	电视节目和广播活动
电信	有线电信活动
	无线电信活动
	卫星电信活动
	其他电信活动
计算机编程、咨询及相关活动	计算机程序设计活动
	计算机咨询活动

续 表

一 级 指 标	二 级 指 标
计算机编程、咨询及相关活动	计算机设施管理活动
	其他信息技术和计算机服务活动
信息服务活动	数据处理、托管和相关活动
	门户网站
	通讯社活动
	其他信息服务活动
计算机及通讯设备维修	计算机及周边设备维修
	通信设备维修

第二节 数字经济测度的方法

当前对数字经济总体水平的测度思路大体有四类：一是采用国民经济核算方法测算数字经济的增加值或总产出（简称"核算法"）；二是基于综合评价方法，编制数字经济发展指数（简称"指数法"）；三是增加值测算；四是卫星账户构建。

一、核算法

该方法依赖于现有的国民经济核算框架，使用投入产出分析法、生产法、支出法、增长核算、建立数字经济卫星账户等方法，对行业中数字部门的增加值或总产出进行加总，得到数字经济的增加值或总产出。受制于统计数据的完整性和可得性，部分数字经济的测度需要通过其他方法进行推算，比如：（1）合理假设，如假设数字经济中间消耗占数字经济总产出的比重与相应产业中间消耗占相应产出总产出的比重相同，对数字经济与实体经济融合部分进行测度；（2）采用计量经济模型,计算 ICT 相关变量对国内生产总值(Gross Domestic Product, GDP)的影响系数或拟合程度,对数字经济增加值占 GDP 的比重进行估计;(3)通过增长核算,测算 ICT 资本对传统产业增加值的贡献,并作为数字经济通过提升效率的作用带来的产出增加部分。

二、指数法

该方法重点在于反映数字经济的综合发展水平,测算数字经济指数的数值本身并无经济意义,但在一致的评价体系下,可以进行时间或空间维度的比较。此外,指数法能够通过设置较为系统、全面的指标,将数字技术带来的新媒介、新服务、新交易形式等影响活动纳入评价体系之中,进而更真实、全面地反映数字经济发展的水平及动态趋势。但在不同的研究中,综合评价体系中数字经济分类及具体指标的选取往往存在差异,评价标准和数据来源不统一,可能会影响到数字经济测度结果的可靠性。

三、增加值测算

在国际上,美国商务部经济分析局对数字经济范围进行了界定,并且利用供给使用表对美国数字经济增加值和总产出等规模进行了测算研究;澳大利亚统计局(Australian Bureau of Statistics,ABS)借鉴 BEA 的测算方法,对澳大利亚数字经济增加值及其对整体经济的贡献程度进行测度。在国内,中国信息通信研究院、中国社会科学院等从数字产业化、产业数字化等方面对中国数字经济规模进行了测算。[①]

四、卫星账户构建

有关国际组织、一些国家政府统计机构和有关学者主要开展了构建 ICT 卫星账户和数字经济卫星账户(Digital Economy Satellite Account,DESA)的相关研究。在国际上,经济合作与发展组织(Organization for Economic Co-operation and Development,OECD)成立数字经济下 GDP 测算咨询组,提出数字贸易维

---

① 《国内外数字经济统计测算方法研究》(2021 年 5 月 12 日),赛智时代,https://baijiahao.baidu.com/s?id=1699546633998630355&wfr=spider&for=pc,最后浏览日期:2024 年 7 月 2 日。

度框架与数字经济卫星账户基本框架,并尝试性编制 DESA 的供给使用表;澳大利亚统计局、智利统计局、南非统计局已经建立了 ICT 卫星账户,马来西亚统计局建立马来西亚数字经济卫星账户。国内学者以数字交易的特征为核心系统研究了中国数字经济卫星账户框架。①

第三节 数字经济各要素的测度②

数字化背景下,传统经济发展下的资本、劳动生产要素受数字技术的影响逐渐加深,数据成为经济活动的一种关键生产要素。众多机构和学者开展了数字要素测度的尝试,但当前有关数字经济视角的要素核算尚未形成一个较为一致的框架。

一、数字资本投入

资本投入主要用来记录社会生产活动中投入资本的价值变化情况,又称为资本服务,根据 2008 年版国民账户体系(System of National Accounts,SNA),通常采用永续盘存法(Perpetual Inventory Method,PIM)进行测算,但由于现有研究并未将数字资本单独从全社会总资本中区分出来,数字资本投入测算是数字要素核算中的一大难点。按照一般的研究惯例,资本类型主要划分为建筑物、机器设备、其他资本、ICT 硬件、ICT 软件,其中 ICT 硬件主要包括通信设备、计算机及其他电子设备制造等,ICT 软件主要包括信息传输、计算机服务及软件业等。通过以上形式将数字资本从传统资本中剥离出来,进而测算数字资本服务总量。

二、数字劳动投入

劳动力是数字经济活动中的关键要素。广义上说,工作内容涉及数字经济

---

① 《国内外数字经济统计测算方法研究》(2021 年 5 月 12 日),赛智时代,https://baijiahao.baidu.com/s?id=1699546633998630355&wfr=spider&for=pc,最后浏览日期:2024 年 7 月 2 日。
② 周元任、陈梦根:《数字经济测度的理论思路与实践评估》,《中国社会科学评价》2023 年第 1 期。

产品生产或数字技术服务的劳动力均属于数字劳动投入的范畴，如所有 ICT 产业从业人员、新型商业模式衍生出的职业（如快递员、网约车司机、网店营业者等），但这会极大程度上增加数字劳动投入的规模。狭义上看，具有数字技术应用能力的劳动者才属于数字劳动投入范畴，比如业务架构师、软硬件工程师、数字技术科研人员等具备 ICT 专业技能和补充技能的人才。通过统计与测算数字经济从业人员的性别比重、薪资水平、工作时长等，能够进一步准确测度社会中总的数字劳动投入。

三、数据资产测度

数据是数字化时代衍生的一种重要生产要素，但并未包含在现有的国民经济核算体系中，2008 年版 SNA 中仅在"数据库"固定资本形成的估价原则中涉及数据，而未明确提出数据资本化处理方法，因此数据资产的测度也是当前数字经济测度研究中的一项重要课题。学术界对数据资产的性质、来源、使用、估价、核算体系等问题进行了探讨，但远未达成一致结论，其主要原因在于对数据资产核算的难度和工作量较大，比如数据源难以获得且需要估计的数据量较大，数据核算框架与方法难以统一，各国开展的数据核算实践极少，等等。针对数据资产核算，现有研究结论主要包括：数据具有显著的非生产性资产属性，属于一种特殊的无形资产，参照会计核算体系，可使用收益法、市场法和成本法来进行测算，而基于客观性、可靠性和较强可行性的原则，外加成本法是相对较优的方法，其中对应的成本包括数据生产活动相关人员的劳动成本、数据生产活动中的经费支出、成本法包括的其他项目等。

四、新经济形式与传统产业数字化的测度

伴随数字技术的发展，众多新兴经济形式或商业模式不断涌现，最具代表性的如免费经济、共享经济（分享经济）等，除此以外，数字技术与传统产业的深度融合程度也成为测度焦点。

（一）新经济形式的测度

免费经济是数字经济时代的产物，数字化时代中消费者越来越倾向于通过

在线浏览的方式获取知识、信息并进行娱乐,消费者获得内容产品的成本大大下降,能以免费或者低廉价格享受到数字服务,同时,企业也常常通过提供"免费"内容产品来实现其商业模式的创新。这种"免费"互联网服务的产出价值和消费行为未能在 GDP 核算中体现,从而受到越来越多的研究机构和学者重视。当前对免费经济测度的思路主要有两类:实物转移和易货交易。前者首先对免费内容产品的生产者虚拟一笔产出,该产出以实物转移的方式免费提供给使用者,再对生产者虚拟一笔实物转移支出,其次对使用者虚拟一笔实物转移收入,用来消费生产者提供的免费内容产品,同时使用者也虚拟一笔消费支出;后者中生产者虚拟一笔产出,用来提供互联网免费服务,使用者虚拟一笔产出,用来提供顾客价值,双方通过互联网免费服务和顾客价值进行易货交易,同时,生产者虚拟一笔收入,获得顾客价值,使用者虚拟一笔消费,获得互联网免费服务。

共享经济的本质是商品和服务的分享与交换,这种经济形式在数字技术迅速发展前即存在,但由于信息成本较高,共享形式的经济规模并没有扩大。数字技术的出现与应用极大程度上降低了信息搜索的成本,减少了信息不对称性,通过互联网平台交易双方能够更好地实现商品与服务的交换,促进社会中闲置资源的优化配置。共享经济作为一种新型经济模式不断发展壮大,但有关共享经济的测度远未形成统一框架。实际上,共享经济活动仍处于传统国民经济核算的范围内,对共享经济的测度关键在于厘清参与共享经济的机构部门和产业部门,梳理共享经济测算中涉及的主要项目,比如总产出和增加值、混合收入、最终消费和资本形成、中间消耗、进口和出口等,从而在 SNA 框架下建立共享经济卫星账户,包括供给使用表、闲置资源价值总表等,最终测算出共享经济总的增加值。

(二)传统产业数字化的测度

新型数字技术与传统产业深度融合,能够为传统产业优化赋能,降低生产成本,提高生产效率,显著促进传统产业的转型升级。产业数字化的测度主要对应于《数字经济及其核心产业统计分类(2021)》中的"数字化效率提升"维度,是数字经济基础部分向实体经济的延伸,内容上主要包括智慧农业、智能制造、智能交通、智慧物流、数字金融、数字商贸、数字社会、数字政府等。传统产业数字化发展时间较短,不同产业中数字技术的作用路径与机制存在差异,对产业数字化测度的探索刚刚开始。基本思路是使用增长核算模型测算出 ICT 资本存量,通过 ICT 资本对各行业增长的回报估算数字技术与产业融合的规模,或通过计量模型法考察 ICT 对经济发展的影响,进而推算出产业数字化维度的增加值占 GDP 比重。其他思路还有:使用代表指标或编制综合指数的方法对产业数字化发展水平进行测度,如以电子商务销售额或采购额表征数字商贸发展;使用工业机器人在不同行业安装数量或覆盖率表征智能制造发展;编制数字金融综合评价体系,测度数字普惠金融指数表征数字金融发展,等等。

思考题

1. 中国数字经济指标选择有哪些?
2. 数字经济的测度方法有哪些?
3. 中国与其他国家在数字经济指标选择上有哪些异同?

第五章

互联网与大数据

本章学习要点

1. 了解互联网的基本概念及其特征;
2. 了解大数据的基本概念、类别及其特征;
3. 了解互联网和大数据在经济活动中的应用;
4. 掌握互联网和大数据对数字经济发展的影响效应。

互联网快速发展,其已经成为全球网络的信息中心,也已经成为人们生活中不可或缺的信息基础设施。随着数字经济的发展,基于互联网的发展,物联网、大数据、云计算、人工智能等数字技术一跃而起,人们的生活已然成为一个被互联网包围的智能化的生活。我们在享受互联网带来的便利的同时也需要思考什么是互联网?互联网的特征是什么?以及什么是大数据?因此,在本章的学习中重点思考以下问题:

(1) 什么是互联网?什么是大数据?

(2) 互联网和大数据给人们的生产、生活带来了哪些影响?

第一节 互联网的含义与特征

一、互联网的含义

互联网(Internet)是互联计算机、服务器、电话和智能设备的全球网络,它们使用传输控制协议(Transmission Control Protocol，TCP)标准相互通信,以实现信息和文件以及其他类型服务的快速交换。作为计算机网络的全球枢纽,互联网的基础设施包括光纤数据传输电缆,以及许多额外的网络基础设施,例如局域网(Local Area Network，LAN)、广域网(Wide Area Network，WAN)、城域网(Metropolitan Area Network，MAN)等。有时无线服务,例如 4G 和 5G 或 Wi-Fi 需要类似的物理电缆安装才能访问互联网。

互联网的起源可以追溯到 20 世纪 60 年代末和 70 年代初的美国。当时为了解决军事通信的需求,美国政府启动了高级研究计划局网络(ARPANET)项目,这可以看作互联网的雏形。随着时间的推移,互联网逐渐发展壮大。20 世纪 80 年代互联网正式对外开放,20 世纪 90 年代互联网普及率迅速提高,商业化应用开始崭露头角,例如互联网浏览器、电子邮件、即时通讯等。到了 21 世纪,互联网进入高速发展的时期,移动互联网、云计算、大数据、区块链、人工智能等新技术的兴起进一步推动了互联网的发展。近年来,物联网、智能家居、无人驾驶等领域的发展带来了更多的创新和变革。

其中,移动互联网和物联网数字经济的基础,不仅提高了信息传递、数据交换和互动的效率,还改变了传统行业的商业模式,进一步提高了互联网的互联互通水平,成为推动数字经济和实体经济深度融合的重要引擎和有力支撑;云计算是一种基于互联网的计算模式,提供计算资源和服务,大数据则是处理和分析大量数据的技术和方法,二者使得数据的收集、存储和处理更加高效和便捷,是数字经济的核心内容和重要驱动力;人工智能的实现依赖于云计算的基础还有大数据的信息支持,同时可以促进物联网中互联设备的协同工作,是数字经济的重要基础设施和赋能引擎;区块链作为数字经济的关键技术之一,在现有互联网架构基础上增加了更多的功能,是互联网的升级,不仅可以保证信息传递和沟通的效率,而且具备了更好的安全保密性能。总体来看,互联网技术作为移动互联网、物联网、大数据、云计算、人工智能、区块链等新兴技术发展的基石,与新兴技术紧密结合,共同促进信息的流动和经济活动的数字化转型,成为数字经济发展的基础。

互联网是人类社会进步的重要里程碑,它的发展和普及改变了人们的生活方式、经济形态和社会结构。首先,互联网让信息获取变得更加快捷和全面。通过搜索引擎,人们可以随时随地获取各种信息,了解最新的动态。其次,互联网极大地改变了人们之间的交流方式。社交媒体,比如微信、微博、脸书等工具让人们的交流不受时间和地点的限制。再次,互联网促进了电子商务的发展,使得购物更加便捷。在线购物和移动支付的出现改变了传统的商业模式,促进了购物的智能化和经济化。最后,互联网为人们带来了丰富多彩的娱乐休闲方式。在线音乐、电影和游戏平台让人们可以随时随地欣赏到精彩的作品。

图 5-1 展示了 2012 年至 2022 年中国网民规模及互联网普及率的变化。中国互联网络信息中心(China Internet Network Information Center,CNNIC)发布的第 51 次《中国互联网络发展状况统计报告》(简称《报告》)显示,截至 2022 年 12 月,我国网民规模达 10.67 亿人,较 2021 年 12 月增长 3 549 万人,互联网普及率达 75.60%。图 5-2 展示了 2012 年至 2022 年中国城乡地区互联网普及率

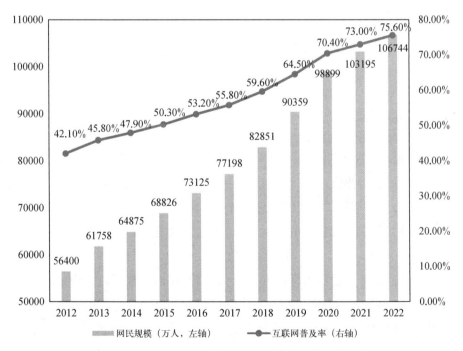

图 5-1　2012—2022 年中国网民规模与互联网普及率

资料来源:CNNIC《中国互联网络发展状况统计报告》(2022 年 12 月)。

的变化。截至2022年12月,我国城镇地区互联网普及率为83.10%,较2021年12月提升1.8个百分点;农村地区互联网普及率为61.90%,较2021年12月提升4.3个百分点。城乡地区互联网普及率差异较2021年12月缩小2.5个百分点。

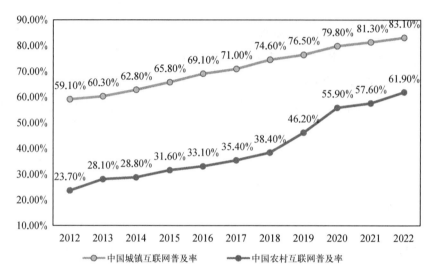

图5-2　2012—2022年中国城乡地区互联网普及率

资料来源:CNNIC《中国互联网络发展状况统计报告》(2022年12月)。

二、互联网的特征

互联网作为当今信息社会的核心基础设施,其主要特征有:开放性、互联性、共享性、创新性、普惠性、自治性、新媒体性。这些特征使得互联网成为一个全球化的平台,为人们提供了丰富的信息资源和服务。

开放性是互联网最根本的特性,被认为是其固有的特性。人们普遍认为互联网精神即开放、平等、分享,其中开放是第一位的,没有开放,就谈不到平等和分享。互联网以开放的技术标准和协议为基础,任何人都可以自由地接入和使用互联网,且用户的行为不受第三方限制。这种开放性促进了网络信息交流和资源共享,使得互联网成为一个全球化的平台,为全球用户的创新和合作提供了可能性。

互联性是互联网的核心属性之一,被誉为互联网的最大优势。在互联网中,用户能够通过多种输入输出方式与系统或者其他用户在一定程度上进行直接双向交流。互联网通过各种终端设备、计算机和网络连接起来,实现了全球范围内的信息交流和共享。这种互联性突破了信息储存与传播的时间和地域限制,人们可以随时随地进行沟通交流,从而提高了信息传递的效率。

共享性是互联网的另一个重要特征。互联网的共享性主要表现在以下三方面:一是硬件资源共享,可以在全网范围内提供对处理数据、存储数据、输入输出数据等的共享;二是软件资源共享,允许互联网用户远程访问各种数据库,得到网络文件传输、远程管理和远程文件访问服务;三是信息共享,用户可以通过访问互联网进行邮件传输、发布新闻或者电子商务。共享性可以有效避免资源的无端浪费,实现资源的利用最大化。

创新性是互联网发展的生命线。互联网的开放性和互联性为创新提供了良好的环境和条件。互联网的创新性主要表现在技术创新、商业模式创新、产品创新等各个方面。譬如"快速迭代式"的创新模式,迅速满足用户需求、解决用户痛点,同时通过开放接口和开放平台,推动了"生态协同式"的产业创新。此外,互联网技术的蓬勃发展也为创新赋能。

普惠性是互联网的重要价值之一。互联网上是"不分等级"的,互联网的普及使得信息和知识不再受到时间、空间和身份的限制,用户可以通过互联网获取各种信息和服务。因此,互联网的普及为一些不发达国家和农村地区的人们提供了与外界交流和沟通的机会,同时也为老年人提供了信息交流的可能性,促进了数字包容和全球社会的发展。

自治性,即去中心化,是互联网发展过程中形成的社会关系形态和内容产生形态。去中心化指互联网的治理和管理是由多方参与和协作完成的,不再是由专门网站或特定人群所控制,即不存在中心化的控制机构。这种去中心化可以降低网络外部的侵害,避免数据垄断的出现,同时也节省了资源,使得互联网能够更加灵活地适应不同的需求和环境。

新媒体性是互联网不断演进中出现的特征。网络媒体既具有大众传播的优势,又兼具小众化、分众化传播的特点。近年来,互联网融合报纸运作模式产生了网络报纸,融合电台技术产生了网络电台,融合电视技术产生了网络电视台,融合移动通讯技术产生了网络、手机短信、手机网站、微信,变革编辑理念和模式产生了博客等。

第二节 大数据的含义与特征

一、大数据的含义

大数据(big data),由维克托·迈尔-舍恩伯格(Viktor Mayer-Schönberger)及肯尼斯·库克耶(Kenneth Cukier)于 2008 年 8 月中旬共同提出,但是目前业界对其还没有一个统一的定义。维基百科认为,大数据是指无法在承受的时间范围内使用通常的软件工具捕获和管理的数据集合。高德纳这一研究机构将大数据定义为大量、高速及(或)多变的信息资产,它需要新型的处理方式去促成更强的决策能力、洞察力与最优化处理。麦肯锡全球研究所给出的定义是:一种规模大到在获取、存储、管理、分析方面大大超出了传统数据库软件工具能力范围的数据集合。总体来看,大数据是指来自不同源头的结构化和非结构化数据,并且普通的数据处理软件已不足以处理的大而复杂的数据集。从大数据的定义中可以看出,大数据之所以被称为"大"数据,不仅因为其数量庞大,而且其种类上还具有多样性和复杂性的特点。

事实上,人们每天都徜徉在大数据的海洋中,电脑、移动设备和机器传感器都在生成大量数据,规模达到了泽字节(ZettaByte,ZB)级。大数据的来源非常广泛,包括人们能够利用数字方式监控的任何地方和任何事物,比如气象卫星、物联网设备、交通摄像头、社交媒体动态等。大数据应用的本质是类似沙里淘金、大海捞针、废品利用的过程,大数据并不直接意味大价值,实际上是指经过分析发掘后可以释放的潜在价值。

二、大数据的分类

根据分类的标准不同,大数据的分类主要有:

按照数据类型划分,大数据可以分为传统企业数据、机器和传感器数据以及社交数据。传统企业数据包括管理信息系统(Management Information System,MIS)的数据、传统的企业资源计划(Enterprise Resource Planning,ERP)数据库存数据以及财务账目数据等;机器和传感器数据包括呼叫记录、智能仪表、工业设备传感器、设备日志、交易数据等;社交数据包括用户行为记录、反馈数据等,比如微信、推特等社交媒体平台。

按照数据来源划分,大数据可以分为内部数据和外部数据。内部数据是指企业或组织自身产生的数据,例如销售数据、客户数据、员工数据等;外部数据则指来自外部的数据,例如社交媒体数据、新闻数据、气象数据等。

按照数据结构化程度不同,大数据可以分为结构化数据、半结构化数据和非结构化数据。结构化数据是指可以被存储在关系型数据库中的数据,例如表格数据、数字数据等;非结构化数据则是指无法被存储在关系型数据库中的数据,例如文本数据、音频数据、视频数据等;半结构化数据则介于两者之间,具有一定的结构性,但结构变化很大,例如邮件数据、网页数据等。

三、大数据的特征

大数据的特征是大量性、高速性、多样性、价值性和真实性。

大量性,顾名思义,就是数据量非常的庞大,包括采集、存储、管理、分析的数据量很大,超出了传统数据库软件工具能力范围。每一个人在互联网上进行各种各样的行为,都会留下数据,而这些数据量虽然不算大,但是在庞大的用户基数下,累计起来还是很庞大的。在一个大中型企业中,需要处理的数据规模可以很容易达到 PB(Petabyte,1 000 T)、EB(Exabyte,1 000 PB)级别。

高速性是指数据增长速度快,这就要求实时分析与数据处理及丢弃,而非事后批处理。这是大数据区别于传统数据挖掘的地方。对于一个企业来说,每天都会新增庞大的数据,每日新增的数据量达到几百个 GB(gigabyte,千兆字节)是很正常的事情。这就对处理数据的速度有了较高要求,其中量子计算机和高性能计算将为大数据的高速处理如虎添翼。

多样性是指数据种类和来源的多样性,包括不同种类的数据,比如文本图像音频视频定位等,以及各种结构化、半结构化、非结构化数据,不连贯的语义或句意。非结构化数据在各行各业中占比越来越多,比如医疗行业的影像资料、教育行业的教学文档、传媒行业的音视频素材、公安执法的视频存档等。这对数据处理能力提出了更高的要求。

价值性主要体现在价值密度低、商业价值高。海量数据中真正具有价值的数据是非常稀少的,价值密度相对较低,但是正是这些密度低的数据,能够发挥出来巨大的商业价值。因此,如何利用大数据相关的技术体系进行分析预测,找到数据的意义和价值是机器学习和人工智能努力的方向。

真实性指大数据的质量。大数据的内容是与真实世界息息相关的,真实不一定代表准确,但一定不是虚假数据,这也是数据分析的基础。研究大数据就是从庞大的网络数据中提取出能够解释和预测现实事件的过程。基于真实的交易与行为产生的数据,才有意义。

第三节 互联网、大数据对数字经济发展的影响效应

一、互联网对数字经济发展的影响效应

(一)互联网在经济活动中的应用

在经济生活中,对互联网的使用主要集中在两个方面:一是物理意义上需要通过光纤、路由器等设备连接网络;二是需要获取互联网服务提供商的产品和服务。其中,互联网服务提供商推出各种线上的产品和服务以满足消费者的需求。早期,互联网应用大多侧重消费环节,体现为消费互联网的发展。如今,网络连接已从人人互联迈向万物互联,互联网应用则从侧重消费环节转向更加侧重生产环节,产业互联网蓄势待发。

1. 消费互联网

20世纪90年代,互联网主要在消费领域进行大规模商业化应用,门户网站、

在线视频、在线音乐、电子商务等以消费者为终端用户的商业模式方兴未艾，这一阶段也因此被称为"消费互联网"。CNNIC 第 51 次《中国互联网络发展状况统计报告》（简称《报告》）显示，2022 年我国各类个人互联网应用持续发展。其中即时通信的用户规模最多，网民使用率达到了 97.2%；其次是网络视频和短视频。随着互联网应用的不断更新，《报告》将互联网应用分为基础应用类、商务交易类、网络娱乐类和社会服务类，如图 5-3 所示。

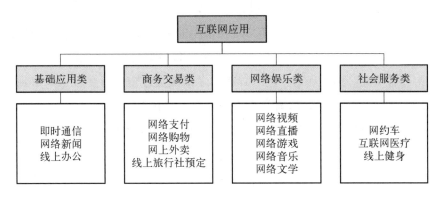

图 5-3　互联网应用分类

资料来源：CNNIC《中国互联网络发展状况统计报告》（2022 年 12 月）。

基础应用类包括即时通信、网络新闻和线上办公。在互联网环境下，即时通信的质量和效率在企业端和个人端都得到了保证。在企业端，以飞书、钉钉为代表的企业通信产品目前已将办公写作和组织管理作为两大主要服务模块，形成了企业内部的业务闭环。在个人端，除了传统业务外，微信在其朋友圈、小程序和视频号上新增了广告模块，QQ 也增加了短视频功能，丰富了即时通信的形式。网络新闻获取的渠道更加多元，微信、微博、客户端、抖音、小红书、快手等应用成为网民的重要渠道。此外，受疫情影响，线上办公应用加快了商业化进程，钉钉、腾讯会议、飞书等推出了差异化的线上办公服务，增强现实（Augmented Reality，AR）技术和 3D 技术与办公场景的融合也成为线上办公新的探索方向。

商务交易类包括网络支付、网络购物、网上外卖和线上旅行社预订。近年来，各大支付机构，比如支付宝、微信、银行等推出老年人专属 APP 版本，数字人民币试点应用和场景建设也在顺利推进。淘宝、京东、苏宁易购、拼多多等电商平台为消费者提供了线上购物的渠道,同时开发了多个购物节,推出了直销和定制化等服务。美团、饿了么等外卖平台势头强劲,服务能力持续增强,对方便网民生活、拉动消费意义明显。携程旅行、同程旅行、去哪儿旅行等旅行预订企业在疫情后灵活调整,不断挖掘下沉市场潜力,寻找新的增长点。

网络娱乐类包括网络视频、网络直播、网络游戏、网络音乐、网络文学。2022年,爱奇艺、腾讯视频、优酷、芒果TV等主要网络视听平台全景式多维度多形态展现了一批高品质的产品。此外,抖音、快手作为短视频平台,继续强化两强格局,并打通了"人、货、场"。直播作为近年来新业态,以淘宝直播、抖音直播、快手直播等平台为主,电商直播日趋成熟,且5G和虚拟现实(Virtual Reality,VR)等技术在直播中也得到了利用。网络游戏和虚拟现实融合创新在近年来得到较快发展,虚拟厨房、虚拟加油站、虚拟健身等受到网民的欢迎。腾讯音乐、网易音乐等也推出了虚拟服务,利用人工智能赋能。网络文学种类多样,且传统文化元素逐步成为创作热点,涌现出一系列IP来源。

社会服务类包括网约车、互联网医疗和线上健身。互联网的发展带来了网约车行业的变化,高德、美团等推出了聚合模式,高德还在北京推出了网约车自营平台——火箭出行。此外,自动驾驶出租车也成为互联网发展的热点。互联网医疗企业积极开展在数字医疗、医疗器械、健康科技等领域的投资,持续拓展经营范围,比如抖音旗下的小荷健康和京东健康。此外,随着全民健身意识的提高,穿戴设备、线上健身模式、运动APP等发展迅速,在线直播跟练的方式吸引了网民参与。

2. 产业互联网

随着消费互联网进入平稳增长期,行业增量红利逐渐消退。新一代信息技术正在加速从消费领域向生产领域延伸,工业互联网已成为我国加快制造业数字化转型和支撑经济高质量发展的重要力量。与消费互联网不同,工业互联网是工业数字化、网络化和智能化发展的基础,是互联网的"下半场"。

从功能体系看,工业互联网包含网络、平台、数据和安全四大功能体系。其中,网络是基础,平台是中枢,数据为要素,安全是保障。总的来看,网络为信息传输提供载体;数据作为信息的重要表现形式,以网络为桥梁,实现物理世界与数字世界的双向动态映射；平台将客观信息与主观的生产目标进行汇总分析实现高级产控功能，而安全为上述系统的平稳运行提供支撑。从产业体系看，工业互联网包括直接产业和渗透产业。前者涵盖网络、平台、数据和安全四大功能体系，包括智能装备、工业传感、工业网络与标识、工业软件与大数据分析、工业自动化与边缘计算、工业互联网平台、工业互联网安全、工业互联网相关服务等细分领域。后者为前者的相关产品和服务在其他领域融合渗透而实现生产效率提升的产业。

根据中国工业互联网研究院数据，我国工业互联网产业增加值规模持续攀升。2022年我国工业互联网产业增加值规模达到4.25万亿元，同比增长3.50%。与此同时，工业互联网产业增加值规模占GDP的比重在2022年达到3.51%。工业互联网已成为GDP稳定增长的重要贡献力量。目前，工业互联网在部分场景中得到规模化应用。特别地，"5G+工业互联网"赋能工业研发设计、生产制造、质量检测、故障运维、物流运输、安全管理等环节，协同研发设计、远程设备操控、设备协同作业、柔性生产制造、现场辅助装配、机器视觉质检、设备故障诊断、厂区智能物流、无人智能巡检、生产现场监测等典型应用场景实现规模化发展。

（二）互联网对数字经济发展的影响

互联网在经济生活中得到了广泛的应用，它的普及和应用推动了数字经济的快速发展，极大地改变了传统经济模式，对数字经济的发展产生了深远的影响。

首先，互联网打破了传统经济中信息传播的壁垒。传统经济中，信息的获取和传递受到时间、空间和成本等限制。而互联网使得信息可以迅速、广泛地传播，使得信息和服务可以在全球范围内自由流动，降低了信息获取和传递的成本。这使得企业和个人可以更加便捷地获取市场信息、产品信息、消费者需求等，从而更好地适应市场变化，并进行精准营销和产品定位。

其次，互联网推动了数字化商务模式的发展。通过互联网，企业可以建立在线商店或电子商务平台，实现线上销售和交易。这不仅提高了企业的销售效率和覆盖范围，还降低了物流成本和中间环节消耗。同时，互联网改变了消费者行为模式。消费者可以通过互联网轻松获取所需产品或服务，并享受更多个性化的选择和定制化的体验。互联网还促进了在线支付和物流配送等方面的发展,提高了消费者的便利性和满意度。这种数字化商务模式促进了供需双方之间的直接交流与合作,打破了传统的商业壁垒,加快了商业活动的效率和规模。

再次,互联网创造了新的经济模式和商业机会。互联网技术的发展催生了共享经济、平台经济、在线教育、在线娱乐等新兴行业。共享经济通过互联网平台将闲置资源进行整合和共享,提高资源利用率和效益。平台经济通过连接供需双方,提供中介服务,并以此获得收益。在线教育和在线娱乐则打破了传统教育和娱乐的时空限制,提供更加灵活、便捷的学习和娱乐方式。这些新领域的发展不仅创造了新的商业机会,也为数字经济带来了新动力。

然后,互联网还促进了创新和科技进步。互联网时代信息交流更加便捷,不同地域、不同领域之间的沟通合作更加紧密。这为创新带来了更多机会和可能性。通过互联网技术,企业可以快速获取市场反馈,并进行产品改进与优化;科研人员可以跨越地域限制,共享研究成果,加速科学研究进程。互联网的发展促进了创新环境的形成,加快了科技进步和经济发展的步伐。

最后,互联网带动了就业和经济增长。互联网的普及带动了相关产业的发展,创造了大量就业机会。数字经济相关领域如电子商务、在线教育、共享经济等都成为新兴产业,为经济增长作出了重要贡献。

总体而言,互联网对数字经济产生了深远的影响效应。它推动了数字经济的快速发展,改变了传统经济模式,创造了新的商业机会和经济增长点,促进了创新和科技进步,带动了就业和经济增长。然而,互联网的发展也带来了一些挑战和问题。其中包括数据安全和隐私问题、网络犯罪问题、信息泛滥和虚假信息等。这些问题需要政府、企业和个人共同合作来解决,确保数字经济的健康发展。

二、大数据对数字经济发展的影响效应

(一)大数据在经济活动中的应用

在经济生活中,大数据在各个领域得到了广泛的应用,对个人、企业和政府均产生了深远的影响。

1. 个人层面的应用

大数据技术经过长时间的发展,在个人经济活动中的作用已愈发明显,主要体现在日常的衣食住行中。在"衣"方面,随着线下门店作用的削弱,电商平台购物成为主要途径。用户在平台浏览所需衣服的信息时,平台就会记录用户的浏览喜好。随后平台会根据信息匹配机制为用户展示对应的产品。在"食"方面,大数据的应用与"衣"类似。不同的是,食品类在线下的需求也非常大,因此,大数据应用在线下也可以实现。在"住"方面,大数据的应用主要体现在房屋租赁平台的使用上,比如安居客、58同城等。租赁平台会利用大数据精准分析租客的需求,精准投放房源信息。在"行"方面,智能驾驶、智慧交通等使得出行更加便捷,同时利用卫星定位、移动通信等技术,实时展现交通状况,提高出行效率。

除了衣食住行外,大数据应用于医疗方面可以保障个人的身体健康,常见的有智能问诊、电子健康记录、远程医疗等。疫情期间大数据也发挥了重要作用,比如行程码、健康码,精准追踪被感染者的疾病传播路径,快速定位感染源。

2. 企业层面的应用

数据作为当代企业的关键资源,是企业应用创新管理、决策分析的基本。对于企业来说,一方面,大数据可以协助企业掌握用户。大数据根据相关分析,将顾客和商品、服务项目进行串联,对用户的喜好开展精准定位,进而提供更精确、更有主导性的商品和服务项目。比如,大数据可以帮助电商公司向用户推荐商品和服务,帮助旅行网站为游客提供心爱的旅游线路,帮助二手市场的买卖方寻找最好的买卖总体目标。另一方面,大数据可以帮助企业了解自己。大数据能够剖析和锁定企业资源的详细情况,实现资源的可视化,帮助管理人员掌握企业运行情况,迅速发现问题并调整运营策略。

3. 政府层面的应用

在我国,政府部门掌握着全社会量最大、最核心的数据,如典型的公安、交通、医疗、卫生、就业、社保、地理、文化、教育、科技、环境、金融、统计、气象等数据。大数据在政府各部门的应用具体体现在:重庆工商部门依托大数据资源,在全国率先探索建立注册登记监测预警机制,对市场准入中的异常情形进行监控。杭州交通运输部门采用阿里云ET人工智能技术,尝试缓解城市交通堵塞问题,在萧山区市心路投入使用,部分路段车辆通行速度提升了11%。徐州市教育部门实施"教育大数据分析研究",实现教育大数据的获取、存储、管理和分析,为教师教学方式构建全新的评价体系,改善教与学的体验。上海市医疗卫生部门通过覆盖区域的居民健康档案和电子病历数据库,快速检测传染病,进行全面的疫情监测,并快速进行响应。

(二)大数据对数字经济发展的影响

随着信息技术的飞速发展,大数据已经成为当今数字经济中的重要驱动力量。通过采集、存储、处理和分析这些数据,可以为企业和机构提供有价值的洞察和决策支持。大数据对数字经济发展产生了广泛而深远的影响效应。

首先,大数据推动了数字经济的创新发展。随着传感器技术、物联网和云计算等技术的普及,各种设备和系统可以生成大量实时数据。这些数据可以用于产品创新、服务优化和商业模式创新等方面。通过对大数据的分析,企业可以更好地理解市场需求和消费者行为,并针对性地推出创新产品和服务。此外,大数据还促进了跨行业合作与创新,通过跨界融合不同领域的知识和资源,可以实现全新的商业模式和产业链条。

其次,大数据提升了数字经济中的决策能力。传统上,决策往往基于有限而片面的信息,容易受到主观意见和偏见的影响。而大数据则提供了全面、客观、实时的数据支持,可以帮助决策者更好地了解市场、竞争环境和消费者需求。通过对大数据进行挖掘和分析,可以发现隐藏的规律和趋势,帮助企业做出更准确、科学的决策。此外,大数据还可以通过预测分析和模拟实验等手段,帮助企业评估策略效果和风险,提高决策的质量和效率。

再次,大数据推动了数字经济中的智能化发展。通过人工智能、机器学习和深度学习等技术,可以对大数据进行智能化处理和应用。例如,在金融领域,大数据可以用于风险评估、欺诈检测和投资建议等方面;在物流领域,大数据可以用于路径优化、需求预测和库存管理等方面;在健康领域,大数据可以用于疾病预防、个性化医疗和健康管理等方面。通过将大数据与人工智能相结合,可以实现数字经济中的智能化决策、智能服务和智能生产。

最后,大数据促进了数字经济的可持续发展。大数据可以帮助企业和机构更好地管理资源，提高资源利用效率，降低环境影响。例如，在能源领域，大数据可以用于能源管理和智能电网的建设；在城市发展领域，大数据可以用于智慧城市的建设和运营；在农业领域，大数据可以用于精准农业和农产品溯源等方面。通过大数据的应用，可以实现数字经济与可持续发展的有机结合，推动经济增长与环境保护的双赢局面。

综上所述，大数据对数字经济发展产生了深远而广泛的影响效应。它推动了数字经济的创新、提升了决策能力、推动了智能化发展，并促进了数字经济的可持续发展。随着技术的不断进步和应用场景的不断拓展，大数据对数字经济的影响效应将会进一步加深和拓宽。

第四节　互联网、大数据的案例分享

一、互联网的案例分享

随着互联网的不断发展，线上健身已经成为一种趋势。Keep 作为中国领先的在线运动健康平台，于 7 月 12 日正式登录香港联交所主板。这家"互联网＋运动健身"模式的代表性企业完成了上市这一阶段性目标。

Keep：打造科技互联的运动新生态

Keep 是全国最大的线上健身平台，为用户提供从服务到产品的全面健身解决方案，以及健康生活交流社区，成功实现了"互联网＋运动健身"的理念。首先，Keep 通过移动应用程序实现了在线健身指导的功能。通过使用 Keep 应用，用户可以随时随地进行运动锻炼。Keep 提供了丰富多样的训练课程和教学视频，涵盖了减脂塑形、增肌增重、塑造线条等各类运动目标。用户可以按照自己的需求选择适合自己的训练课程，并按照指导进行锻炼。同时，Keep 还提供了智能训练计划和自定义训练计划功能，用户可以根据自己的时间和目标进行个性化调整。其次，Keep 实现了社交功能。用户可以在平台上建立个人主页，分享自己的锻炼成果和经验，并与其他用户互动交流。通过关注其他用户或加入专业教练团队,用户可以获取更多锻炼建议和动力,形成健身社区。此外,Keep还举办线下运动活动和挑战赛,为用户提供实际的社交互动机会,增加用户的参与度和黏性。再次,Keep通过互联网技术实现了健康数据的管理和分析。用户可以将自己的运动数据、饮食记录等上传到平台上进行记录。Keep通过大数据分析和人工智能算法,为用户提供个性化的健身计划和饮食建议。用户可以根据自己的健康数据进行调整,并通过平台上的统计图表等功能了解自己的运动状态和健康指标。最后,Keep还与其他企业进行合作,通过"互联网+运动健身"模式提供更多增值服务。例如与运动装备品牌合作推出定制款产品、与健康食品企业合作推出营养配餐方案等。这为用户提供了更全面、便捷的运动健身体验。[1]

Keep通过"互联网+运动健身"模式实现了在线指导、社交互动、健康数据管理等功能,并不断创新推出新产品和服务。这使得运动健身更加灵活、个性化,并且能够满足用户的多样化需求。"互联网+运动健身"模式已经成为当下健身领域的重要趋势,Keep在这个领域的成功实践为其他企业提供了借鉴和启示。

二、大数据的案例分享

大数据在经济生活的各个领域得到了广泛应用。在抗击疫情过程中,疫情动态信息的公布、发展趋势的研判与预测、涉疫人员的精准定位、防控工作的指挥调度等都离不开大数据支撑。通过电子"防疫志愿者通行证"、构建"居村微平台""数字哨兵"等,大数据"抗疫"正让上海的疫情防控更智慧、更精准。

精准守"沪" 大数据助力上海抗疫新模式

在上海市徐汇区,为精准安排辖区内居民核酸检测筛查,徐汇区通过数字化的"居村微平台",以一部手机的短信功能,代替人工跑动的动作通知居民按楼栋,分批次下楼进行核酸检测。通过链接徐汇区城运中心,"徐汇区居村微平台"能清楚统计居民做核酸的次数、完成情况,极大便利化了管理。在嘉定区,通过

---

[1] 《互联网+体育第一股,Keep为什么这么火?》(2023年7月14日),搜狐网,https://www.sohu.com/a/700062271_121118939,最后浏览日期:2024年7月2日。

与大数据中心的后台打通,相关部门还变纸质的小区"出入通行证"为电子"防疫志愿者通行证",不仅让通行证的发放时间缩短、验证难度下降,还能将其与核酸检测情况进行交叉验证,有效杜绝了过期、冒用等情况。黄浦区则利用大数据技术,通过对市防控办下发的"重点地区来沪人员"和"通讯大数据本地区人员"数据与"黄浦区酒店地址数据"实施比对,协助区防控办对重点地区来沪人群入住酒店和社区的排查工作。长宁区联合商汤科技推出整合"佩戴口罩识别+人体测温+验健康码+疫苗接种+核酸查询+电子证照"等多种功能的"六合一"便捷通行系统。通过一次认证,方便管理人员快速核验、快速放行,不仅避免了传统人工登记方式的低效、不便利等问题,还省去市民查找检测报告的复杂操作。①

这些实际应用的例子只是冰山一角,上海在疫情防控中充分利用大数据技术,通过数据分析、人员追踪与定位、健康码管理、视频监控分析等手段,实现对疫情的全面监测和精准管控,提高了防控效率和精确度。

思考题

1. 什么是互联网?互联网对数字经济发展的影响体现在哪些方面?

2. 什么是大数据?大数据对数字经济发展的影响体现在哪些方面?

3. 互联网已深入人们的日常生活,请同学们观察自己常用的互联网应用,并总结其所属的类型以及对自己产生的影响。

4. 尽管大数据在经济生活中得到广泛应用,但是数据安全问题依然关系着每一位的利益。请同学们思考有哪些举措可以保护个人或者企业数据安全。

---

① 《商汤科技紧急研发"六合一"便捷通行系统》(2022 年 4 月 1 日),证券日报,https://baijiahao.baidu.com/s?id=1728892081484706396&wfr=spider&for=pc,最后浏览日期:2024 年 7 月 2 日。

第六章

区块链与云计算

本章学习要点

1. 了解区块链的含义与特征；
2. 了解云计算的含义与特征；
3. 理解区块链、云计算对数字经济产生的影响。

作为新兴的信息技术，区块链和云计算得到了不断地深入化发展，不仅在应用层面，在底层技术和监管政策上都有了一定的延伸和突破，与之相关的 NFT(Non-Fungible Token)、元宇宙、中央银行数字货币、私域、PaaS(platform as a service)、SaaS(softwave as a service)等方面迎来爆发。在数字经济时代下，把握区块链和云计算的发展脉络以及发展趋势尤为重要。作为数字经济的底层技术，其背后衍生的创新应用不仅是新一轮信息技术协同效应的集中展现，更是数字经济发展理念的整体提升，也由此成为数字经济竞争下全球技术角逐的关键要素。作为我国科技发展的支撑力量，区块链和云计算已然被摆在了我国经济转型的重要地位，成为我国优先发展的战略性新兴产业的发展基石之一。在本章学习过程中，重点思考以下问题：

(1) 区块链的含义以及特点；

(2) 云计算的含义以及特点；

(3) 区块链和云计算对数字经济产生了哪些影响？

第一节 区块链的含义与特征

一、区块链的含义

（一）区块链(blockchain)的基本概念

区块链的概念提出时间较晚,2015 年,《经济学人》(*The Economist*)发表了封面文章《重塑世界的区块链技术》后,这个概念才被大家所确认和逐渐形成共识。区块链技术在全球掀起一股金融科技狂潮,世界各大金融机构、银行争相研究区块链技术,仅 2016 年就有数十亿美元投资到区块链相关企业当中。2016 年经常被人们称为"区块链元年",因为在这一年区块链技术的价值真正被世界所认可。各国政府开始研究准备发行自己的数字货币,超过 50 家世界级银行组成联盟研发区块链银行间服务,上千家区块链行业的创业公司如雨后春笋般兴起。

需要注意的是,区块链并不是一门具体技术,而是一个系统框架的设计,通过一系列技术组合从而实现的一个去中心化存储数据库。区块链,顾名思义,是一个"加密信息块链",构成了一个数据库或"分类账"。每个块可以被认为是两方或更多方之间的事务记录,它们都可以实时访问共享数据库。作为加密的区块被添加到链中,更改特定交易的记录变得非常昂贵,因为每个区块都可能被加密。

广义的区块链指区块链技术,是实现了数据公开、透明、可追溯的产品的架构设计方法,必须包含点对点网络设计、加密技术应用、分布式算法的实现、数据存储技术的使用等四个方面。狭义的区块链则指的是具体产品中的区块链应用,比如数字货币的数据存储方式、数据库设计以及文件形式的设计等。

（二）区块、区块链和区块链系统的结构

区块(block,见图 6-1)是一种被包含在公开的分布式账簿(区块链)里的数据结构,本质上它是聚合交易信息的容器。每个区块分为区块头和区块体两部分,区块主体只负责记录前一段时间内的所有交易信息,交易包括有关资产转移的信息,包括发送方(卖方)和接收方(买方)的身份、交易资产/价值、交易时间和(或)潜在的合同条款。① 区块头包含了元数据,用以实现区块链的大部分功能。区块头是 80 字节,而平均每个交易至少是 250 字节,并且平均每个区块至少包含超过 500 个交易信息。因而,一个包含所有交易的完整区块比区块头大 1 000 倍不止。

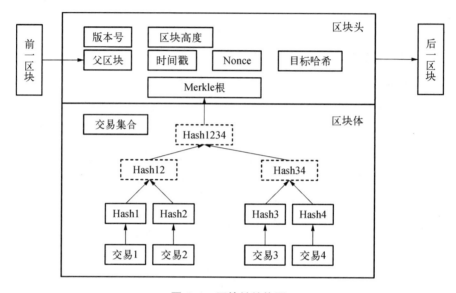

图 6-1　区块链结构图

区块头由三组区块元数据组成:

(1) 父区块(father block)哈希值(hash),通过这组元数据将该区块与区块链中前一区块相连接。父区块和子区块代表区块之间的链接关系;哈希值是通过哈希算法算出的值,区块链采用了哈希函数对区块中的交易记录进行加密,保证了数据的安全性。

(2) 第二组元数据即高度、时间戳(timestamp)和一次性随机数(nonce)。区块高度记录了该区块在区块链中位置;时间戳用于记录区块生成的时间;随机数用于保证区块的生成是随机且不可预测的,这可以用于工作量证明算法。

(3) 第三组元数据是默克尔根(Merkle Root,MR)。默克尔树(Merkle

---

① 《公司净资产交易包括账外资产一并转让吗?》(2023 年 9 月 13 日),搜狐网,https://www.sohu.com/a/720117455_100138309,最后浏览日期:2024 年 7 月 3 日。

Tree，MT)是区块链的基本组成部分,它是一种数据结构,用于有效验证大型数据结构(如区块链)中所有数据的完整性和一致性。

具体来说,默克尔树是一个完全二叉树,每个节点都包含一段数据(比如交易记录或者区块哈希值)。树的根节点对应最底层的数据,而每个子节点都是其父节点对应数据的哈希值。即,每个节点都存储其子节点的哈希值,而每个子节点都存储其两个子节点的哈希值。默克尔树的特性使得它可以高效地解决分布式系统中数据完整性和一致性的问题。通过默克尔树,一个节点可以快速检查另一个节点所声称的数据是否与其所拥有的数据一致。如果没有,那么就可以立即知道数据存在问题,而不需要检查所有的数据。这就是许多分布式系统(如区块链)都使用默克尔树的原因。

区块链则是一个不断增长的数据记录列表,或者说分布式数据库,它的数据结构非常特别,由一个个区块组成。这些区块按照时间顺序连接成一条链(见图 6-2)。区块体中的交易或记录通过密码学的方式保证了数据的完整性和安全性。每个区块也有一个时间戳对应着前一个区块,允许所有区块链接在一起形成一个"链",包括网络中执行的所有交易的历史,从而增加了交易的透明度和可审计性。区块链可用于转移任何可以以数字形式呈现的资产,例如金融工具、合同、所有权、公司记录或个人记录。

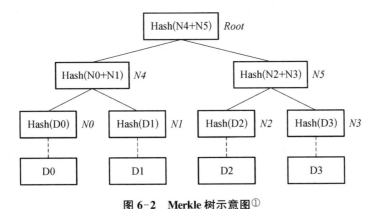

图 6-2 Merkle 树示意图①

---

① 《默克尔树》(2022 年 6 月 8 日),思否,https://segmentfault.com/a/1190000041955513?sort=votes,最后浏览日期：2023 年 7 月 3 日。

了解区块链还需要认识以下 5 个基本概念。

(1) 公钥(public key)和私钥(private key)：区块链采用了非对称加密技术，每个节点都有一对公钥和私钥，用于验证交易记录的合法性。

(2) 网络节点：区块链的网络包括多个节点，这些节点共同维护区块链的数据结构，并通过共识算法保证了数据的一致性。

(3) 共识机制：共识机制是通过特殊节点的投票，在短时间内完成对交易的验证和确认。简单来说，如果一些互不相干的节点能够达成共识，那么全网络也可以达成共识，大家都认为投票的标的是真实可靠的。

(4) 创世区块：以数字货币网络为例，数字货币网络里的第一个区块创建于 2009 年，被称为数字货币的创世区块。它是数字货币体系里所有区块的共同祖先，而区块链的增长方向又是单向的，这意味着任意区块循链回溯，最终都将到达创世区块。在数字货币体系中，客户端软件是包含了创世区块的，每一个节点显然都得安装客户端，这样每一个节点都"知道"创世区块的哈希值、结构、被创建的时间和里面的一个交易，这就保证了创世区块不会被改变。一个安全的、可信的区块链的根由此被构建起来。

(5) 智能合约：在达成共识的过程中，节点需要遵循一定的规则和协议。这些规则和协议通常被称为"智能合约"，它们可以自动执行特定的任务，例如：添加新区块到区块链、分配数字资产等。

区块链的结构非常简单，但是它的数据安全性和去中心化的特点使得它在金融、供应链、物联网等领域有着广泛的应用。

区块链系统(见图 6-3)，如前所述，是一个系统框架的设计，通过一系列技术组合从而实现的一个去中心化存储数据库，通常由以下 6 部分组成。

(1) 数据层：封装了底层数据区块以及相关的数据加密和时间戳等技术。

(2) 网络层：包括分布式组网机制、数据传播机制和数据验证机制等。

(3) 共识层：主要封装网络节点的各类共识算法。

(4) 激励层：将经济因素集成到区块链技术体系中来，主要包括经济激励的发行机制和分配机制等。

(5) 合约层：主要封装各类脚本、算法和智能合约，是区块链可编程特性的基础。

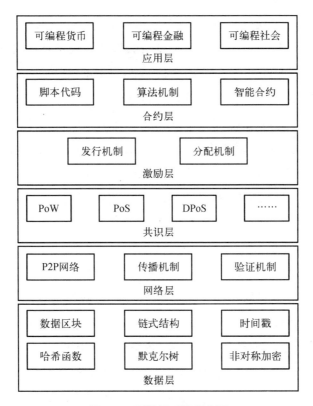

图 6-3 区块链系统示意图

（6）应用层：封装了区块链的各种应用场景和案例。

此外，区块链系统也有核心应用组件，它在核心技术组件之上，针对区块链特有应用场景的功能，允许通过使用编程的方式发行数字资产，也可以通过配套的脚本语言编写智能合约，灵活操作链上资产。因此，区块链系统的结构可以根据其功能和应用场景进行灵活的调整和扩展。

（三）共识机制

如前所述，区块链共识机制是区块链技术的重要组件，其目标是使所有的诚实节点的交易信息保持一致。这些节点可以是全球各地的服务器、个人电脑或其他网络设备，它们在网络中扮演着验证和记录交易的角色。

一般来说，为了达成共识，网络中的节点需要遵循一定的规则和协议，这些规则和协议规定了如何验证交易、添加新的区块到区块链以及如何处理网络中的冲突和异常。在区块链网络中，节点之间需要进行通信以达成共识。常见的通信方式包括：工作量证明（Proof of Work，PoW）、权益证明（Proof of Stake，PoS）、委托权益证明（Delegated Proof of Stake，DPoS）等。

共识机制的研究起源于1982年的拜占庭将军问题（Byzantine failures）。该问题首先由莱斯利·兰伯特（Leslie Lamport）等人提出，它类似于一个经典的并发控制问题，把军中各地军队彼此取得共识、决定是否出兵的过程，延伸至运算领域，设法建立具容错性的分散式系统，即使部分节点失效仍可确保系统正常运行，可让多个基于零信任基础的节点达成共识，并确保资讯传递的一致性。拜占庭将军问题是点对点通信中的基本问题，主要涉及在不可靠信道上通过消息传递达到一致性的困难。

1. 工作量证明

工作量证明是最早的共识机制之一。1997年，亚当·贝克（Adam Back）发明Hashcash（杂凑现金）技术。这是一种工作量证明算法，这种算法仰赖成本函数的不可逆特性，达到容易被验证、但很难被破解的特性，最早被应用于阻挡垃圾邮件，之后成为数字货币区块链所采用的关键技术之一。1998年戴伟（Wei Dai）发表匿名的分散式电子现金系统B-money，引入工作量证明机制，强调点对点交易和不可篡改特性。不过在B-money中，并未采用亚当·贝克提出的Hashcash演算法。戴伟的许多设计之后被数字货币区块链所采用。而尼克·萨博（Nick Szabo）发表去中心化的数位货币系统BitGold，参与者可贡献运算能力来解出加密谜题。2005年哈尔·芬尼（Hal Finney）提出可重复使用的工作量证明机制（Reusable Proofs of Work，RPoW），结合B-money与亚当·贝克提出的Hashcash演算法来创造密码学货币。这些工作，都为中本聪等发明数字货币系统并付诸实践提供了思维基础。后来的门罗币、莱特币等都基于该共识机制发行了各自的区块链网络体系。

PoW由于最早被应用于数字货币网络，因此成为区块链网络最具代表性的共识机制，其优点为以下3点。

（1）安全性：PoW可以防止恶意节点对网络进行攻击，因为它要求节点必须完成一定的计算工作才能验证和添加区块。这使得攻击者必须投入大量的计算资源和时间来发起攻击,从而增加了他们的攻击成本,限制了恶意行为。这就是所谓的51%攻击。

(2)去中心化:PoW 不依赖于任何中心化机构或第三方信任,使得网络更加去中心化,减少了单点故障的风险。

(3)公平性:PoW 机制下,每个节点都有机会通过解决一个难题来获得区块的打包权,这样就能够保证每个节点都有平等的机会参与到网络的共识过程中。

然而,PoW 也存在一些缺点。

(1)延迟:PoW 机制下,节点必须完成一定的工作量才能获得打包权,这导致交易的确认时间比较长。特别是在处理大量交易时,可能会造成网络拥堵,降低交易效率。

(2)能耗:PoW 需要大量的计算资源,导致能源消耗较高。特别是在数字货币等加密货币网络中,由于 PoW 机制的计算难度不断上升,使得能源消耗也在不断增加。

因为 PoW 存在着这样一些缺点,所以逐渐产生了新的更加高效和环保的共识机制来取代 PoW。

2. 权益证明

权益证明是另一种常见的共识机制,与工作量证明相反,它需要节点抵押一定数量的数字资产(权益证明,通常是加密货币),以获得添加新区块的权利。在 PoS 系统中,区块链验证者(参与者)的投票是基于他们拥有的加密货币数量,而不是他们执行工作的能力。权益证明具有以下 5 个优点。

(1)更快的交易处理速度:PoS 不需要大量计算能力来解决复杂的数学问题,因此处理交易的速度更快。

(2)更低的能源消耗:与 PoW 相比,PoS 能耗更低,因为它不需要大量电力消耗。

(3)更好的可扩展性:PoS 可以在网络上创建更多的验证节点,从而增加整个网络的吞吐量。

(4)更强的抗审查能力:由于 PoS 不需要大量的计算能力来验证区块,因此它具备更强的抗审查能力。

(5) 更低的参与门槛：与 PoW 不同，PoS 允许较少数量的参与者参与验证过程，从而降低了参与门槛。

一些知名的基于 PoS 的区块链项目包括泰兹（Tezos）、以太坊卡斯珀（Ethereum Casper）和卡尔达诺（Cardano）。然而，PoS 也有一些缺点，如可能的中心化问题和潜在的不公平现象，可能会导致富者更富。但随着技术的发展，这些问题已经得到了一定程度的缓解。

3. 委托权益证明

委托权益证明是一种更高效的权益证明机制。它与工作量证明和权益证明有很多相似之处，但它的运行方式更加节能。在 DPoS 机制中，区块链网络中的节点分为两种角色：验证者（Validators）和委托者（Delegates）。验证者代表网络中的一部分节点，他们负责维护区块链的安全和稳定；委托者则代表他们的账户余额，并将他们的投票权委托给验证者。由此，DPoS 获得了以下 4 方面优点。

(1) 更高效的共识过程：相较于 PoW 和 PoS，DPoS 的共识过程更加高效，因为它减少了大量的工作量消耗，并提高了吞吐量。

(2) 更快的交易确认：DPoS 机制允许更快的交易确认，因为它不需要像 PoW 那样执行大量的计算工作。

(3) 更低的能源消耗：DPoS 在节能方面取得了显著优势，因为它的共识过程可以大幅减少能源消耗。

(4) 更少的节点：相较于 PoW 和 PoS，DPoS 的节点数量较少，这有助于提高整个网络的安全性。

由于参与投票的节点减少了，DPoS 也产生了一些缺点。

(1) 中心化风险：由于 DPoS 机制减少了能源消耗和节点数量，这就使得它具有比 PoW 和 PoS 更高的中心化风险。因为在 DPoS 中，验证者的数量是有限的，这意味着某些节点可能拥有更多的投票权。

(2) 透明度和可扩展性问题：尽管 DPoS 提高了效率，但它在透明度和可扩展性方面仍然存在挑战。

委托权益证明（DPoS）是一种实用的权益证明机制，特别适合那些需要高度去中心化和节能的区块链项目。然而，它仍然存在一些潜在的问题，开发者需要根据具体场景来权衡选择。

(四)区块链的特点

如前所述,区块链不是一门具体技术,而是一个系统框架的设计,通过一系列技术组合从而实现的一个去中心化存储数据库,具有公开透明、无法篡改、方便追溯的特点。

1. 去中心化

去中心化(decentralization)是相对于中心化而言的。中心化系统由资金雄厚和技术实力强大的机构、企业甚至国家做信任背书,具备管理高效的优势,但它也存在着诸如中心化机构故障以及监管缺失等问题,从而引发信任危机。

去中心化就是指将一个事物或权力从中央控制的状态转变为由许多独立的个体或节点来控制的状态。在区块链技术中,去中心化指的是通过分布式账本技术将交易和数据存储在许多不同的节点上,而不是由一个中心化的机构或服务器来控制,是一种核心的价值观和目标,也是区块链技术最重要的特征。去中心化可以带来很多好处,包括提高透明度、减少单点故障的风险、减少中心化机构的信任需求和审查控制等。同时,去中心化也需要解决一些挑战,例如,如何维护网络的安全性和稳定性,如何处理大规模交易和数据存储,以及如何保护用户隐私等。

区块链的去中心化主要体现在区块链数据的存储、发行和交易过程中。

(1)在存储方面,区块链中的数据由网络中的多个节点共同维护,在这些节点中,每个人都有相同的账本副本,并且是完全公开透明的。如果有人想篡改账本数据,就需要同时修改网络中超过半数的账本副本,这几乎是不可能的,因此区块链数据的存储是去中心化的。

(2)在发行方面,区块链系统采用去中心化的发行机制,比如数字货币的发行机制就是通过奖励给参与数字货币系统交易记账的人来完成的。谁给这个系统记账,系统就会奖励数字货币给这个"会计",这种机制使得数字货币的发行是去中心化的。

(3)在交易方面,区块链采用共识机制确认交易是否有效。只有在大部分网络节点达成共识的情况下,交易才会被确认并记录在区块链中,这保证了交易的公正性和透明性,也体现了去中心化的特点。

需要注意的是,区块链的去中心化并不意味着没有管理或监管。在区块链中,有多个节点作为管理者共同参与管理和维护区块链的运行,但这并不影响区块链去中心化的本质特征。

2. 开放性

区块链体系是开放的,除了交易各方的私有信息被加密外,区块链的数据对所有人公开。任何人都可以通过公开的接口查询区块链数据和开发相关应用,因此整个系统信息高度透明。

3. 自治性

区块链体系采用基于协商一致的规范和协议,使得整个系统中的所有节点能够在去信任的环境中自由、安全地交换数据。这使得对"人"的信任被转换成了对机器的信任。

4. 不可篡改性

一旦信息经过验证并添加至区块链,就会永久地存储起来。除非能够同时控制系统中超过 51% 的节点,否则单个节点上对数据库的修改是无效的。因此,区块链的数据稳定性和可靠性极高。区块链的不可篡改性是由其分布式、去中心化、加密安全等特点共同作用的结果。

(1) 区块链采用分布式网络结构,每个节点都存储了区块链数据的完整副本。这意味着没有中心化的存储点,使得数据篡改变得困难。如果某个节点尝试修改数据,其他节点会通过比较哈希值的方式发现不一致并拒绝该篡改。

(2) 区块链中的每个区块都包含了前一个区块的哈希值,形成了一个链式结构。如果尝试篡改某个区块中的数据,其对应的哈希值将会发生变化,从而破坏了后续所有区块之间的连接关系。

(3) 区块链使用哈希函数将交易和数据块转换为固定长度的唯一标识符。哈希函数是单向的,即无法根据哈希值反推出原始数据,使得在区块链中存储的数据具有不可逆性。

(4) 每个区块都包含一个确定其创建时间序列的时间戳,使得区块链的历史无法被篡改。任何篡改历史记录的行为都将被检测出来。

(5) 共识算法,如 PoW 和 PoS,要求大量节点认证数据并达成一致。这种机制增加了数据篡改的难度。

然而,需要注意的是,虽然区块链的不可篡改性很强,但并非绝对。在特定情况下,例如在拥有足够计算能力和资源的攻击者面前,仍然存在篡改的可能性。

总的来说,区块链的特点就是去中心化、开放性、自治性、信息不可篡改等,这些特点使得区块链技术能在许多领域发挥重要作用,比如数字货币交易、供应链管理、电子投票等。

二、区块链的应用

区块链系统设计的初衷就是为了解决货币发行中心化问题,因为从经济学分析的结论来看,适度通胀对政府是有利的,从而政府有更大的意愿来发行较多的货币。基于此,中本聪(Satoshi Nakamoto)设计了一个货币数量永远恒定的体系,利用共识机制来提供信用和促进交易,而不是由中心化的政府机构来实现该功能。因此,区块链系统从诞生之初,就具有一定的金融功能,也因此在金融领域有着较为广泛的应用和发展。

如今,数字资产正在颠覆整个金融市场。事实上,数字资产的兴起对作为金融服务业客户的几乎所有机构与行业均产生影响。区块链推动整个金融生态系统(从存款到支付、借贷、投资和任何有价物交易)进行变革。金融工具(从现金到股票)以及各类交易基础设施的本质持续向好改善。由此可见,对金融服务业数字资产的变革予以关注是最为必要的。

(一)数字货币

中央银行数字货币(Central bank digital currencies,CBDCs)

2019年6月,脸书发布了Libra白皮书,提出在2020年上半年推出基于区块链技术的数字货币Libra。脸书将超过27亿的庞大用户基础与区块链技术相结合,使Libra有可能挑战跨境汇款、移动支付等领域的现有格局,成为数字经济时代新的储值手段和价值尺度。主要国家政府和七国集团、二十国集团等主要国际组织都对Libra持谨慎态度。美国财政部长史蒂文·姆努钦(Steven Mnuchin)在众议院金融服务委员的听证会上称,5年内美联储没有发行数字货币的必要,也不反对脸书创建数字货币,但后者需要遵守银行保密和反洗钱规定，不能将 Libra 用于资助恐怖主义。

但是与此同时，全球 90% 的中央银行正在探索中央银行数字货币，超过一半的中央银行正在开发或进行具体试验。① 世界范围内的突发危机的影响以及稳定币和其他加密货币的出现都加速了对 CBDCs 的研究，维持金融稳定已经成为参与 CBDCs 的重要动力，且这个重要性还在不断增强。在全球范围内，超过三分之二的中央银行认为他们可能会在短期或中期发行零售 CBDCs。与跨境支付效率相关的原因也进一步推动了批发类 CBDCs 的工作。中央银行认为，CBDCs 能够缓解关键的痛点，如当前支付系统的有限操作时间和当前交易链条过长。国际清算银行(Bank for International Settlements，BIS)2022 年发布的调查报告《即将到来——中央银行数字货币调查的后续》认为，与发达经济体相比，新兴市场经济体推进通用型 CBDCs 的意愿更强，国内支付效率、支付安全性和金融包容性在新兴市场经济体被认为"非常重要"；而对于发达经济体，唯一"非常重要"的动机是支付安全。

根据使用范围的不同，CBDCs 分为两大类型：通用型(general purpose)和批发型(wholesale)。通用型 CBDCs 即公众可以使用的 CBDCs，可以基于代币或账户。此类数字货币将广泛可用，且主要用于零售式交易，但也可以用于更广泛的用途。相比于基于账户的类型，基于代币的通用型 CBDCs 类似于一种"数字现金"，可以通过不同的方式向公众发放。批发型 CBDCs 是访问受限的数字代币，基于代币，用于批发式(大宗)交易，例如银行间支付或证券结算。相关试验关注如何取代现有技术，以实现效率的提高。②

中国人民银行(简称"央行")高度重视法定数字货币的研究开发。2014 年，成立法定数字货币研究小组，开始对发行框架、关键技术、发行流通环境及相关国际经验等进行专项研究。2016 年，成立数字货币研究所，完成法定数字货币第一代原型系统搭建。2017 年年末，经国务院批准，央行开始组织商业机构共同开展法定数字货币(简称"数字人民币"，字母缩写按照国际使用惯例暂定为"e-

---

① Anneke Kosse and Ilaria Mattei，2021 央行数字货币调查报告，BIS Papers，2022，p.125。
② Codruta Boar，Henry Holden and Amber Wadsworth，即将到来——央行数字货币调查的后续，BIS Working Papel ，2023，p.107。

CNY")研发试验。目前,研发试验已基本完成顶层设计、功能研发、系统调试等工作,正遵循稳步、安全、可控、创新、实用的原则,选择部分有代表性的地区开展试点测试。

数字人民币是央行发行的数字形式的法定货币,由指定运营机构参与运营,以广义账户体系为基础,支持银行账户松耦合功能,与实物人民币等价,具有价值特征和法偿性。其主要含义包括:(1)数字人民币是央行发行的法定货币;(2)数字人民币采取央行中心化管理,央行、指定运营机构(商业银行)双层运营的模式;(3)数字人民币主要定位于现金类支付凭证(M_0),将与实体人民币长期并存;(4)数字人民币是一种零售型央行数字货币,主要用于满足国内零售支付需求;(5)在未来的数字化零售支付体系中,数字人民币和指定运营机构的电子账户资金具有通用性,共同构成现金类支付工具。[①]

数字人民币设计兼具账户和价值特征,兼容基于账户(account-based)、基于准账户(quasi-account-based)和基于价值(value-based)等三种方式,采用可变面额设计,以加密币串形式实现价值转移。同时,数字人民币兼顾实物人民币和电子支付工具的优势,既具有实物人民币的支付即结算、匿名性等特点,又具有电子支付工具成本低、便携性强、效率高、不易伪造、可编程性等特点。数字人民币体系在技术上综合了集中式与分布式架构特点,形成稳态与敏态双模共存、集中式与分布式融合发展的混合技术架构。

数字钱包是数字人民币的载体和触达用户的媒介。在数字人民币中心化管理、统一认知、实现防伪的前提下,人民银行制定相关规则,各指定运营机构采用共建、共享方式打造移动终端 APP,对钱包进行管理并对数字人民币进行验真;开发钱包生态平台,实现各自视觉体系和特色功能,实现数字人民币线上线下全场景应用,满足用户多主体、多层次、多类别、多形态的差异化需求,确保数字钱包具有普惠性。数字钱包根据不同分类标准可分为以下四类:(1)按照客户身份识别强度分为不同等级的钱包;(2)按照开立主体分为个人钱包和对公钱包;(3)按照载体分为软钱包和硬钱包。软钱包基于移动支付 APP、软件开发工具

---

① 中国人民银行数字人民币研发工作组:《中国数字人民币的研发进展白皮书》,2021 年 7 月。

包(Software Development Kit,SDK)、应用程序接口(Application Programming Interface,API)等为用户提供服务,硬钱包基于安全芯片等技术实现数字人民币相关功能,依托 IC 卡、手机终端、可穿戴设备、物联网设备等为用户提供服务;(4)按照权限归属分为母钱包和子钱包。母钱包下可开设若干子钱包,个人可通过子钱包实现限额支付、条件支付和个人隐私保护等功能,企业和机构可通过子钱包来实现资金归集及分发、财务管理等特定功能。央行和指定运营机构及社会各相关机构一起按照共建、共有、共享原则建设数字人民币钱包生态平台,以满足多场景需求并实现各自特色功能。

(二)其他创新应用

1. 存证取证

以杭州市区块链电子印章应用平台为例。

此前,许多用印场景都对电子印章提出新需求,比如政务服务场景虽已实现在线申报,却在最后仍需打印文件后加盖实体印章,导致企业异地签约流程复杂,严重影响企业签约效率。2020 年 7 月 17 日,杭州市上线全国首个区块链电子印章应用平台,由 e 签宝独家提供技术支持的杭州市区块链电子印章应用平台,依托浙江省统一电子印章平台和杭州城市大脑,由杭州市数据资源管理局负责,杭州市市场监督管理局、杭州市公安局参建,携手蚂蚁链共同开发完成。

具体流程简化为:企业法人用支付宝打开统一电子印章平台,然后输入账号、密码,登录平台,可以看到待领取的公章、财务章、发票章、法定代表人章;法人点击前往领取印章,完成实名认证后,即可领取成功;领章成功后,就是签署环节,该环节全程通过 e 签宝电子合同小程序进行,选择合适的印章进行签署,完成人脸识别认证,最快只需要一分钟的时间,即可完成签署。市场主体完成注册登记后,就将获得基于区块链的电子印章,实现电子执照、电子印章同步发放。已经注册的市场主体可以通过浙里办、浙江政务服务网、杭州办事服务、支付宝、钉钉等入口申领。目前,区块链电子印章应用平台的申请率超过了 60%。

采用该方式的优势在于:一方面,与其他电子印章相比,基于区块链的电子印章从发起签署到结束全流程上链,可实现印章使用过程的多方鉴证和多节点安全存储,具有显著技术优势;另一方面,免费发放的区块链电子印章一套四枚,分别为法定名称章、法定代表人名章、财务专用章、发票专用章,借助区块链不可篡改、全流程追溯等特性,提升政府的办事效率,改善企业的营商环境。

2. 产品溯源

以生物资产可信监管及金融服务平台为例。

作为畜牧业重点发展核心的肉牛产业,目前在管理运营、资产监管和抵押贷款等方面存在着一系列的难题。通过区块链和物联网技术的应用,可帮助中小牧场在畜牧业生态上下游单位中建立信任、提升透明度、挖掘和释放数据的商业价值,具有广泛的应用前景。

万向区块链和摩联科技共同打造的"BoAT+PlatONE 物联网数据赋能平台",创新性地将区块链技术与物联网技术融合在一起,将端侧的区块链模组和平台侧的区块链数据服务结合,使物联网应用数据可以嫁接在区块链网络上。生物资产可信监管平台以"BoAT+PlatONE 物联网数据赋能平台"为底层设施,通过物联网设备,可以查看牧场的整体运营情况以及对牧场牛进行全周期健康管理。同时,平台接入了金融机构,当牧场需要融资时,金融机构可直接以平台上的生物数据进行评估,并借款给牧场。

采用该方式的优势在于:(1)可以为传统畜牧业打造可信数据底座,助力产业进行数字化转型,实现降本增效;(2)可以帮助政府对牧场进行监管,实现农牧业补贴的精准发放以及牛肉检疫信息审查,有助于政府建立食品可追溯机制,提升食品安全管理水平;(3)能够帮助养殖企业及牧场在金融机构建立更高的信用,从而以更低成本获得金融机构提供的优质服务;(4)可以帮助金融机构更准确地动态判断牧场的资产状况,从而把控风险。

3. 供应链金融服务

以众企安链为例。

众企安链将区块链技术和供应链金融进行了结合。通过与核心企业、金融机构之间的合作,金融机构给核心企业授信,核心企业及其供应链条内的日常各项业务数据逐渐上链,以做到业务数据可信化、透明化。由于对交易进行了加密,并具有不可篡改的性质,所以分类账几乎不可能受到损害,因而区块链能够提供绝对可信的环境,减少资金端的风控成本,消除银行对于信息被篡改的疑虑。通过这样的技术手段，金融机构在很小的风控代价下，就可以将核心企业本身的信用变得可传导、可追溯，为中小企业提供金融服务。在通证发行、流转、融资的过程中，资金方可以做到实时放款，而不再需要以往烦琐的背景调查和线下风控。并且在合同到期后，合约自动执行还贷，避免出现欺诈与违约问题。从而降低银行的坏账率，节约中间成本。

众企安链的解决方案，是为核心企业客户搭建一个基于区块链底层的供应链金融平台，面向供应链中的上游供应商，基于核心企业应付账款，在线开立可拆、转、融的电子债权凭证，并依次传递至多级供应商，降低供应链整体成本。在实际的生产业务中，结合各个不同的垂直领域的业务，基于本产品的核心功能可以演化出各种各样的供应链金融服务平台。

该方式的优势在于：(1) 通过供应链贸易数据上链后不可篡改特性，利用物联网技术动态监测货物流转，记录交易、运输等各节点信息，降低造假风险；(2) 通过生成区块链智能合约，固化资金清算路径，配合支付体系，能够极大减少资金挪用和违约行为的发生；(3) 数据可信情况下，打破数据孤岛，实现隐私保护和数据安全，有效推动供应链体系四流合一（商流、信息流、物流、资金流），降低风控难度；(4) 区块链技术生成的电子凭证可实现灵活的多级拆分、流转、融资，将核心企业信用传递至末端供应链，解决小微供应商融资难问题。

4. 智慧城市

以和信云链智慧建设管理平台为例。

建设工程项目管理有严格的工作范围、时间进度、成本预算、质量性能等方面的要求，迫切需要科学、先进的信息化管理措施及方法。和信云链智慧建设管理平台，支持建设项目的多方协作，支撑以投融资、开发建设、运营管理的一体化模式。在平台上，项目建设进度实时传递、工程现场实时上报、项目问题处理情况实时跟踪、项目数据实时存证、项目多方实时互动，为项目建设过程全生命周期提供客观、可信、可追溯的数据支持，为面向过程、基于信用、目标驱动的项目管理提供工具和解决方案。

和信云链智慧建设管理平台集成了 HxBaaS 区块链开放平台，实现了与底层区块链的互联互通。运用其一站式智能研发工具，通过可视化编辑操作可为和信云链智慧建设管理平台动态配置链、节点、服务器、网络等相关资源，构建出一条基于建设项目管理场景的联盟链,支持公有云、私有云和混合云等多种部署方式。通过 HxBaaS 平台的可视化智能合约编辑器,构建了不同企业、不同场景、不同维度的评分、评价等智能合约,通过存证、溯源、权限、结构化存储、非结构化存储及自定义合约模板的调用,可轻松实现业务系统的功能需求。和信云链智慧建设管理平台中使用了密钥管理中心,数据落盘加密存储、检索,三级 CA 证书管理,国密算法支持,智能合约应用,基于区块链的权限管理等区块链技术,通过开放用户、监管事项、企业评价、不同场景、不同维度的数据监测等接口,构建了外部应用及系统与区块链结合的通道。

采用该方式的优势在于:(1)集成区块链开放服务平台 HxBaaS,为智慧建设管理平台后续节点接入及应用扩展提供了可靠保障;(2)模型模块化设计,将业务规则从应用程序代码中分离出来,使复杂的业务规则实现变得简单,也可以动态修改业务规则,从而快速地响应需求变更;(3)微服务架构保证用户登录、系统数据访问等的安全性;(4)应用层、服务层分离设计,为平台扩展性、可靠性等提供了有效保障,同时有效地提高实现复杂业务逻辑代码的可维护性。

除了以上应用之外,区块链还可被应用于政务服务、医疗健康、文化娱乐、数据流通、数字金融以及数字资产交易等多个领域,更多区块链应用会扩展到生活的其他方面,比如工业、科学、文化等。区块链可以提供一种全球通用的解决方案,不再依赖第三方的监督或信用保证,从而提高社会整体资源的运营效率。区块链也将连接所有的人员及设备,在全球形成统一的网络,从而实时推动价值及资源在全球范围的流动。

第二节 云计算及其应用

一、云计算的含义

(一)云计算(Cloud Computing)的含义

云计算的历史最远可追溯到 1965 年,克里斯托弗·斯特雷奇(Christopher

Strachey)发表了一篇论文,论文中正式提出了"虚拟化"的概念。而虚拟化正是云计算基础架构的核心,是云计算发展的基础。2006年8月9日,谷歌首席执行官埃里克·施密特(Eric Schmidt)在搜索引擎大会(SES San Jose 2006)首次提出云计算的概念。同年,亚马逊推出了亚马逊云科技(Amazon Web Services,AWS)。

此后经历了两年的沉寂,直到2009年初,金融危机最严重的时候,美国Salesforce公司公布了2008财年年度报告,数据显示公司云服务收入超过了10亿美元,至此,云计算才正式成为计算机领域最令人关注的话题之一,同时也成为互联网公司发展研究的重要方向。而此时亚马逊已经初步形成涵盖IaaS、PaaS的产品体系,确立了在IaaS和云服务领域的全球领导地位。国内云计算标杆阿里云也是从2008年开始筹办和起步的。随后几年间,世界级的供应商都无一例外地参与了云市场的竞争中,出现了IBM、VMWare、微软和AT&T等第二梯队。谷歌则在2011年宣布转型推出云平台(Google Cloud Platform,GCP),开始了公有云市场中的同台竞技。

云计算是一种基于互联网的新型计算模式,它将数据和应用程序从硬件解耦出来,将其转移到远程的数据中心进行存储和管理。这种模式的最大特点是:互联网按照企业的需求提供IT资源,并且采用按需付费的定价方式,企业或用户可以根据需要从诸如AWS、微软云计算(Microsoft Azure,Azure)、阿里云、谷歌之类的云提供厂商获得技术服务,例如服务器的算力、储存、网络,从而无需购买拥有物理数据中心以及服务器。

通过云计算,用户可以随时随地通过各种设备(如电脑、手机、平板等)连接到云服务提供商的平台,获取所需的数据和应用程序服务,而无需知道这些数据和应用程序服务具体存放在哪个数据中心以及运行的硬件和软件是什么。这种模式的优点在于:用户无需购买和维护大量的硬件设备,也无需进行复杂的软件安装和维护工作,从而降低成本和提高效率。

同时,云计算也使得数据和应用程序更加安全可靠。因为数据和应用程序被存储在数据中心,而不是用户自己的设备上,所以用户的数据不会丢失或被盗取。而且,数据中心通常会采用更加先进的数据加密技术和访问控制机制,以保护用户数据的安全。因此,云计算成为当前信息化时代中最重要的基础设施之一,被广泛应用于企业和个人的各种应用场景中。

（二）云计算的分类

云计算根据不同的标准可以有很多种分类方法,以下是几种常见的分类。

根据交付服务的类型,云计算可以分为基础设施即服务（Infrastructure as a Service,IaaS）、平台即服务（Platform as a Service,PaaS）和软件即服务（Software as a Service,SaaS）三种类型。

IaaS：为客户提供灵活、标准和虚拟的操作环境,令其成为平台云服务的基础。IaaS作为云IT最基本构建块。它通常提供对网络功能、计算机（虚拟机或专用硬件）和数据存储空间的访问。IaaS为客户提供最高级别的灵活性,并使用户可以对IT资源进行完全的管理与控制,它与许多IT部门和开发人员熟悉的现有IT资源最为相似,相当于企业组织将硬件设备外包。IaaS供应商拥有设备,并负责设备的安装、运行和维护。简单讲,IaaS通常提供一个基础设施,即具有给定处理能力、可用性和存储量的虚拟机,客户则按每次使用付费。这种服务模式适用于偶尔有临时基础设施需求或试图将IT硬件资源从资本支出转向运营支出的公司。

PaaS：让客户将更多的精力放在应用程序的部署和管理。PaaS为企业提供了一个平台,旨在帮助客户、独立软件供应商和合作伙伴在云中快速创建新的软件应用程序。PaaS使得用户无需管理底层基础设施（一般是硬件和操作系统）,客户不用操心资源购置、容量规划、软件维护、补丁安装或与应用程序运行有关的任何无差别的繁重工作。从概念上看,PaaS和IaaS有较大的交叉重叠,虽然PaaS和IaaS两方面都有只在这个层级上活动的独立供应商,但是主流大型云厂商,都同时提供横跨PaaS和IaaS的全面服务。

SaaS：只需要让客户考虑如何使用的一种完善产品。SaaS用于基于Web的应用程序,是一种通过网络进行软件交付的模型,其中软件和相关数据集中托管在云上,通过云端访问可以更轻松地在任何设备上同时使用相同的应用程序。SaaS提供了一种完善的产品,其运行和管理皆由服务提供商负责。软件应用程序通过安全的互联网连接到标准的网络浏览器进行远程交付和管理。访问按订阅收费,通常按月收费,用户只为实际使用的应用程序付费。在大多数情况下,在使用 SaaS 产品时，客户无需考虑如何维护服务或管理基础设施。SaaS 目前主要用于非核心和非差异化应用程序，如客户关系管理、企业报销系统、人力资源或采购等应用。例如 Salesforce、Concur、Servicenow、Workday 等等。因为 SaaS 服务形式的存在，使得云计算能够间接提供服务给大量的中小企业和非互联网行业企业。

根据部署类型，云计算可以分为公有云和私有云两种类型，在此基础上还衍生出专有云和混合云两种类型。

公有云架构：灵活的资源配置是公有云的核心，IT 环境的外包让一般性企业减少了资本支出并降低运营 IT 的成本。当云计算概念被提出时，主要是指公有云服务，客户不需要保有任何基础设施，直接像使用水、电、煤一样使用云计算资源即可，这些资源位于云提供商的数据中心，并由通过互联网访问它们的多个客户共享。但是商业的现实和技术企业的理想之间总是存在沟壑。在云计算服务开启之前，很多大型企业和组织都有自己的服务器。这些服务器大多卖给了企业和政府。但政府、金融、医药等行业客户，公有云不可能全部采纳，因为这类型企业有各种各样的合规要求。

私有云架构：私有云部署意味着专用于一个特定客户的资源，基础设施位于客户或第三方的场所，由客户或第三方拥有、管理和运营。实现云架构成本并不高。2010 年 Rackspace 和美国航空航天局公开了一个名为 OpenStack 的开源项目组。它包含一系列用于构筑云计算服务的开源软件。这意味着，所有拥有硬件基础设施的用户都可以基于开源 OpenStack 来实现和 AWS 类似的技术架构。虚拟化只是云计算服务的一个技术前提，并非所有的价值，除了大型用户在经济上能够承受自己维护独立的云计算平台，多数用户无法得到经济上合理的回报。私有云方案无法实现资源弹性利用和真正的规模经济。

专属云架构：包含了云计算的能力和部分私有云的特性。专属云部署意味着专用于一个客户并通过 VPN 访问的资源，而基础设施由云提供商的数据中心提供、管理和操作。专属云模型与私有云模型大致相当，而负责云环境操作和维护的一方是云提供商。这种方法使公司能够利用云计算的力量，但不需要组建自己的 IT 团队。考虑实施此部署模型的公司应确保所涉及的专属云提供商在基础设施位置、数据控制、服务参与灵活性等方面满足其特定要求。

混合云架构：企业自建的IT环境为公司提供便利和安全的最佳平衡。混合云部署是指使用由两个或多个不同的资源组成的混合资源部署模型（通常是指本地或私有和公有云部署）。就其本身而言，并没有混合云解决方案，而是公司如何协调自己的硬件资源和云资源来创建混合云。在混合云部署中，公有云、私有云和内部部署应用程序被结合并无缝集成。通过专线或VPN连接，就可以把客户自有的计算设施和公有云计算设施连接在一起，称之为"混合云"。混合云对客户的好处是明显的。首先，每个企业都可能有云计算基础用量，但也可能有短期的激增需求。有了混合云，客户就可以围绕自己的基础用量采购自有IT资产，自己运营私有云，而短期波动的增量则可以通过公有云服务满足，等需求高峰过去，就可以去掉这部分的开支。企业也可以将运维难度比较低的基础云服务保留在自己的设施内，而同时使用公有云提供的复杂计算服务。

根据服务范围，云计算可以分为泛在计算和嵌入式计算两种类型。泛在计算是指云计算作为一种普遍存在的计算模式，通过各种设备（如智能手机、平板电脑、智能家居等）访问和使用云服务；嵌入式计算则将云计算作为一种嵌入式计算系统，通过各种嵌入式设备和传感器访问和使用云服务，应用于物联网、智能制造等领域。

根据技术架构，云计算可以分为单体架构和微服务架构两种类型。单体架构将应用程序的所有功能集中在一个单一的系统中，具有简单、易于维护的优点，但也可能存在性能和扩展性问题；微服务架构则将应用程序拆分成多个独立的服务，每个服务都运行在自己的进程中，具有高内聚、低耦合的特点，便于分布式部署和扩展。

以上是云计算的几种常见分类方法，实际上云计算的分类还有很多种，根据不同的需求和应用场景可以灵活选择不同的分类方法。

二、云计算的应用

云计算的应用已经深入到日常生活的方方面面。从个人到企业，从消费到生产，云计算都在默默地改变着人们的生活方式和工作方式。

在个人应用方面，云计算提供了丰富的服务，例如在线存储、邮件、图片、视频等。人们可以在任何时间、任何地点通过云端访问这些资源,无需担心存储空间不足或数据丢失等问题。同时,云计算还为开发者提供了广阔的平台,让他们可以轻松地开发出各种个性化的应用,从而满足用户的各种需求。

在企业应用方面,云计算则为企业提供了更高效、更灵活、更低成本的选择。企业可以将业务数据存储在云端,这样可以随时随地访问这些数据,并可以根据需要扩展或缩减存储资源,无需因为业务量的波动而投入大量的硬件和软件资源。同时,云计算还可以提供各种先进的分析工具,帮助企业更好地理解市场和用户需求,从而作出更明智的决策。

在消费方面,云计算也在不断改变着人们的生活方式。例如,通过云计算,人们可以随时随地使用各种智能设备,如智能家居、智能健康等。这些设备可以实时地将数据传输到云端,这样人们就可以随时了解家中的情况、监控健康状况,等等。同时,云计算还可以为人们提供各种便捷的服务,例如在线购物、在线订餐,等等,这些都让人们的生活更加便利和高效。

总的来说,云计算已经成为现代社会的基石之一。它为人们提供了更高效、更灵活、更低成本的服务和解决方案。同时,它也在不断地推动着社会的进步和发展。相信在未来的日子里,云计算将会发挥更加重要的作用。

第三节 区块链、云计算对数字经济发展的影响

一、区块链对数字经济发展的影响

区块链技术的出现,对于数字经济发展产生了深远的影响。它不仅改变了数字经济的结构,也为其提供了新的发展机遇。

(一)区块链技术使得数字经济的交易更加安全、透明

1. 区块链技术提高了数字经济的效率和可信度

在传统的交易方式中,交易的安全性和透明度主要依赖于第三方机构,例如

银行和政府机构。但是，通过去中心化的账本，区块链技术的应用却可以大大简化这一过程，交易可以由网络中的所有参与者共同验证，从而避免了传统交易中可能出现的欺诈和误解问题，防止欺诈和双重支付等问题，同时还可以保障交易双方的权益。这为数字经济提供了一种全新的信任机制，提高了数字经济的效率和可信度。

2.区块链技术可以促进更高效和安全的跨境支付

传统的跨境支付方式通常需要经过多个银行和金融机构的协调，而且需要人工审核和操作，不仅效率低下，而且也存在着很多安全隐患。而区块链技术可以通过去中心化的方式，使得跨境支付可以更加直接、快速地完成，同时也能够避免传统跨境支付中存在的风险和问题。

3.区块链技术还可以促进更广泛的数字身份认证

在数字经济中，每个人都需要有一个可靠的数字身份认证，以保障交易的安全和可信任性。而区块链技术可以通过去中心化的方式，为每个人提供一个不可篡改的身份信息记录，使得数字身份认证更加可靠、可信。

总之，区块链技术在数字经济中的应用，不仅可以提高交易的安全性和透明度，同时还可以促进更高效的跨境支付和更广泛的数字身份认证。这些应用将会为数字经济带来更多的机遇和发展空间。

(二)区块链技术降低了数字经济的交易成本

在传统的交易中，由于需要经过多层中间环节，交易的成本较高。但是，区块链技术的应用却可以减少这些中间环节，从而降低交易的成本。此外，区块链技术还可以通过智能合约的方式，自动执行交易的条款和条件，从而避免了传统交易中可能出现的烦琐手续和高额费用。

(三)区块链推动数字经济相关技术的发展

区块链是一种综合了多门技术的技术系统。在这个系统中，区块链利用P2P技术构建底层网络结构，通过密码学来保证数据传输和访问安全，通过引入共识机制实现对入链数据的验证，形成了一个基于时间戳基础的单向链式的去中心化的分布式数据库。区块链系统基础架构共有六层，自底层开始分别为：数据层、网络层、共识层、激励层、合约层和应用层。数据层以区块为数据单元，存储了时间戳和与加密相关的各种数据和算法;网络层在数据层基础上规定了区块链的分布式组网机制,使数据的传播和验证方式在其中有了具体体现;共识层包含了各种共识类的算法,以网络节点为通信个体,规定了其共识协议;激励层将技术体系与经济体系相结合,体现了如何发行和分配经济激励;合约层具有编程特性,包括脚本、代码、算法及智能合约,是区块链可编程的基础;应用层封装应用场景和案例,将区块链技术应用部署在如以太坊、Qtum 等的区块链网络上。

区块链技术的发展,将会推动区块链基础设施、数据库、软硬件等相关产业的发展,从而推动数字经济相关技术不断向前发展。

(四)区块链技术为数字经济提供了新的商业模式和合作机会

在传统的商业模式中,企业和客户之间的合作关系往往受到时间和地域的限制。但是,区块链技术的应用却可以打破这些限制。例如,利用区块链技术的智能合约功能,可以实现自动化的、不受时间和地域限制的交易和支付。此外,区块链技术还可以为数字经济提供新的商业模式和合作机会。

(五)区块链技术提高了政府的数字化治理水平

数据本身并不具有价值,只有在政府及社会治理中,从分散、无序的"碎片化"数据中挖掘出其有用价值,才能变成竞争力、服务力和创造力。数字化治理,就是充分应用数字化技术,通过信息通信技术来实现数据整合,实现从无序到关联再进行数据的收集、存储、激活、挖掘、处理、分析等过程,实现数据从静态到动态、从隐性到显现转化的过程。数字化治理包括治理模式创新,利用数字技术来逐步完善治理体系,提升政府及社会的综合治理能力等。

将区块链技术应用于政府的数字化治理,主要体现在三个方面。

(1) 将区块链与政府数字化治理融合,加强在政府数字货币发行、数字金融监管、政府监管、纪检监察、安全出行、财政税收证券监管、食品卫生监管、司法公正、电子政务等方面的应用,提升政府营商环境和政府效能,促进政府治理的现代化。

(2) 将区块链应用于社会管理和社会服务,在社会安全上应用于身份认证、刑事侦查、社会安全预警、舆情研判及社会监管等,提升政府的社会化治理水平。

（3）将区块链技术应用于民生保障中的教育、医疗、社会养老保险、就业创业、交通、能源、通讯、社会救助、政务民生、电子存证、环境保护等方面，增进人民福祉，促进人的全面发展和社会和谐进步。

总之，区块链技术的应用对于数字经济发展产生了积极的影响。它不仅改变了数字经济的结构，也为其提供了新的发展机遇。未来，随着技术的不断进步和应用场景的不断扩展，区块链技术将在数字经济领域发挥更加重要的作用。

二、云计算对数字经济发展的影响

云计算对数字经济发展的影响是深远的。它不仅改变了企业运营的方式，而且还推动了创新和经济增长。以下是一些主要的影响方面。

首先，云计算降低了企业的IT成本。通过提供灵活、可扩展的计算资源，云计算使得企业不再需要购买和维护昂贵的硬件设备。此外，企业可以按需使用云计算服务，无须在维护和升级系统上投入大量资金。这种降低成本的方式，使得更多的资金可以用于企业的核心业务和创新。

其次，云计算提高了企业的业务敏捷性。在当今快速变化的市场环境中，企业需要快速响应客户需求和市场变化。云计算使得企业可以更灵活地扩展和缩减计算资源，以满足业务需求的变化。此外，云计算还可以提供更快的数据处理和分析能力，帮助企业作出更明智的决策。

再次，云计算促进了企业间的合作和创新。通过云计算平台，企业可以轻松地共享和管理数据，并开展更紧密的合作。这种合作和创新的精神，有助于推动数字经济的发展。例如，企业可以使用云计算服务来开发新的应用程序、提供数字化服务等，以吸引更多的客户和提高竞争力。

最后，云计算对数据安全和隐私提出了更高的要求。随着云计算的普及，越来越多的企业和个人数据被存储在云端。因此，对于云服务提供商来说，保护数据的安全和隐私变得越来越重要。这需要采取更强大的加密技术和安全措施，以确保数据不被未经授权的第三方获取和利用。

总之，云计算对数字经济的发展起到了积极的推动作用。它降低了成本、提高了业务敏捷性、促进了企业间的合作和创新，同时也对数据安全和隐私提出了更高的要求。未来,随着云计算技术的不断进步和发展,它将继续为数字经济的发展注入新的动力和活力。

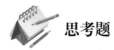 **思考题**

1. 区块链的含义是什么?
2. 云计算的含义是什么?
3. 区块链、云计算对数字经济的影响有哪些?

第七章

人 工 智 能

本章学习要点

1. 了解人工智能的含义与特征;
2. 了解人工智能的发展演化;
3. 理解人工智能的发展对数字经济的影响。

随着数字技术的发展,人工智能开始在人们生活中随处可见。例如,在餐馆里可以看见送餐机器人,在快递站可以看见送快递机器人,在酒店可以感受机器人叫醒服务,等等。随着人工智能的发展,越来越多的人工智能开始代替传统劳动者,走进人们的生活。在此情况下,了解人工智能,熟悉人工智能的发展历史和背景,以及人工智能对数字经济乃至国民经济和社会生活的影响就很有必要。在学习本章知识时,应重点考虑以下问题:

(1) 在日常生活中有哪些人工智能提供的服务?

(2) 人工智能的服务和传统的人类服务有哪些区别与联系?

(3) 人工智能发展速度如此之快,它对整个社会经济会产生什么的影响?

第一节 人工智能的含义与特征

一、人工智能的含义

人工智能领域的研究始于 1956 年在达特茅斯学院召开的会议上正式使用

了"人工智能"这一术语。① 琳达(Linda)把"智能"定义为能够进行抽象思维,能够理解复杂理念,能够进行快速学习和从经验中学习等操作,进而提出问题、分析问题、解决问题。② 人工智能的概念较为宽泛,按照人工智能的实力,可将其大致分为三类:第一类,弱人工智能,只擅长于某个方面的人工智能,如只会下象棋但可以战胜世界冠军的人工智能;第二类,强人工智能,在各个方面都可达到人类级别,人类能从事的脑力劳动,它都能得心应手地去干,能和人类比肩的人工智能;第三类,超人工智能,根据牛津哲学家、知名人工智能思想家对超级人工智能的定义,超级人工智能是指在科学创新、通识和社交技能等几乎所有领域都比人聪明、都可超越人类大脑的人工智能。③

现如今,人工智能也称为机器智能,它是计算机科学、控制论、信息论、神经生理学、心理学、语言学等多种学科互相渗透而发展起来的一门综合性学科。它从计算机应用系统的角度出发,研究如何制造智能机器或智能系统,来模拟人类智能活动的能力,以延伸人们智能。如果仅从技术的角度来看,人工智能要解决的问题是如何使电脑表现智能化,使电脑能更灵活高效地为人类服务。只要电脑能够表现出与人类相似的智能行为,就算是达到了目的,而不在乎此过程中电脑是依靠某种算法还是真正理解。人工智能就是计算机科学中涉及研究、设计和应用智能机器的一个分支,人工智能的目标就是研究怎样用电脑来模仿和执行人脑的某些智力功能,并开发相关的技术产品,建立有关的理论。

人工智能是仿照人的智能行为方式和过程,利用机器模拟人的智能成果,以帮助人类解决问题。所谓"人工智能",从计算机视角上看,就是由人所制造的,具有处理信息与外界交互能力的信息处理单元。人工智能研究特定的信息处理单元对信息的接收、处理及反馈过程,针对智能机器在各大领域解决实际问题的能力进行探索并予以改进。作为电子信息学科中的一个分支,人工智能的研究

---

① 闫德利:《2016年人工智能产业发展综述》,《互联网天地》2017年第2期。
② 《中国的人工智能现在发展到什么阶段了?》(2017年12月26日),百度,https://zhidao.baidu.com/question/141733751007996165.html,最后浏览日期:2024年7月3日。
③ 《人工智能奇点还有多远? 强人工智能何时出现?》(2023年2月12日),自然与社会,https://baijiahao.baidu.com/s?id=1757599357565191630&wfr=spider&for=pc,最后浏览日期:2024年7月3日。

目的是使计算机能像人脑一样独立处理各种信息,并避免像人类一样产生情感,进而使信息处理结果更加可控高效。

二、人工智能的特征

（一）通过计算和数据,为人类提供服务

从根本上说,人工智能系统必须以人为本,这些系统是人类设计出的机器,按照人类设定的程序逻辑或软件算法,通过人类发明的芯片等硬件载体来运行或工作,其本质体现为计算,通过对数据的挖掘、采集、加工、处理和分析,形成有价值的信息流和知识模型,来为人类提供延伸人类能力的服务,并实现对人类期望的一些"智能行为"的模拟,在理想情况下必须体现服务人类的特点,而不应该伤害人类,特别是不应该有目的性地做出伤害人类的行为。

（二）对外界环境进行感知,与人交互互补

人工智能系统应能借助传感器等器件产生对外界环境（包括人类）进行感知的能力,可以像人一样通过听觉、视觉、嗅觉、触觉等接收来自环境的各种信息,对外界输入产生文字、语音、表情、动作（控制执行机构）等必要的反应,甚至影响到环境或人类。借助于按钮、键盘、鼠标、屏幕、手势、体态、表情、力反馈、虚拟现实或增强现实等方式,人与机器间可以产生交互与互动,使机器设备越来越"理解"人类乃至与人类共同协作、优势互补。这样,人工智能系统能够帮助人类做人类不擅长、不喜欢但机器能够完成的工作,而人类则适合于去做更需要创造性、洞察力、想象力、灵活性、多变性乃至用心领悟或需要感情的一些工作。

（三）拥有适应和学习特性,可以演化迭代

人工智能系统在理想情况下应具有一定的自适应特性和学习能力,即具有一定的随环境、数据或任务变化而自适应调节参数或更新优化模型的能力;并且,能够在此基础上通过与云、端、人、物越来越广泛深入数字化连接扩展,实现机器客体乃至人类主体的演化迭代,以使系统具有适应性、灵活性、扩展性,来应对不断变化的现实环境,从而使人工智能系统在各行各业产生丰富的应用。

（四）具有知识表示特性

人工智能还具有知识表示特性，它可以考虑人的能力和信息的相关性，以便更有效的解决问题。它采用特定的算法，计算出概要不同时刻的值，并用这些值来推导出人的意图，从而能够实现智能建模，进行问题的有效求解，实现智能的自主解决。

第二节　人工智能的发展

一、人工智能的起源与发展

20世纪40年代数字计算机研制成功，当时的研究者就采用启发式思维，运用领域知识，编写了能够完成复杂问题求解的计算机程序，包括可以下国际象棋和证明平面几何定理的计算机程序。运用计算机处理这些复杂问题的方法具有显著人类智能特色，从而导致了人工智能的诞生。1956年，约翰·麦卡锡（John McCarthy）决定把达特茅斯会议用人工智能来命名，开创了具有真正意义的人工智能的研究。

艾伦·马蒂森·图灵（Alan Mathison Turing）所著的《计算机器与智能》(Computing Machinery and Intelligence)讨论了人类智能机械化的可能性，提出了智能机的理论模型，为现代计算机的出现奠定了理论基础。同时，该文中还提出了著名的图灵测试，在人工智能的研究领域，"图灵测试"已经成为最重要的智能机标准。同一时期，沃伦·麦库洛赫（Warren McCulloch）和沃尔特·皮茨（Walter Pitts）发表了《神经活动内在概念的逻辑演算》(A Logical Calculus of Ideas Immanent in Nervous Activity)，该文证明了一定类型的可严格定义的神经网络，原则上能够计算一定类型的逻辑函数，并开创了当前人工智能研究的两大类别："符号论"和"联结论"。

20世纪60年代至70年代初，人工智能领域有影响的工作是通用问题求解程序，主要包括：约翰·艾伦·罗宾逊（John Alan Robinson）于1965年提出了归结原理,成为自动定理证明的基础;爱德华·阿尔伯特·费根鲍姆(Edward Albert Feigenbaum)于 1968 年研制成功了 DENDRAL 化学专家系统,是人工智能走向实用化的标志。奎利恩(J. R. Quillian)于 1968 年提出了语义网络的知识表示等。20 世纪 70 年代,人工智能研究以自然语言理解、知识表示为主。特里·维诺格拉德(Terry Winograd)于 1972 年研制开发了自然语言理解系统 SHRDLU,同时期费根鲍姆提出了知识工程,专家系统开始得到广泛应用。[①]

20 世纪 80 年代以来,以推理技术、知识获取机器视觉的研究为主,并开始了不确定性推理方法的研究。日本计算机界推出了"第五代计算机研制计划",该计划最终未能实现当初的目标——以非数字化方式在日常范围内全面地模仿人类行为,但该计划也为人工智能的进一步发展积累了很多经验。20 世纪 90 年代,人工智能研究在博弈这一领域有了实质性进展。1997 年 5 月 11 日,一个名为"深蓝"的 IBM 计算机以 2 胜 1 负 3 平的成绩战胜了国际象棋世界冠军卡斯帕罗夫,这举世震惊的一步大大地振奋了整个人工智能界,而事实上"深蓝"打败卡斯帕罗夫仍是从专家系统提供的所有可能的走步中选择最优的,并未有理论上的实质性突破。

二、中国人工智能的发展[②]

表 7-1 中国人工智能的发展

日　　期	主要发展情况/标志性事件
1978 年 3 月	全国科学大会提出"向科学技术现代化进军"的战略决策,打开解放思想的先河,促进中国科学事业的发展,使中国科技事业迎来了科学的春天
20 世纪 80 年代	钱学森等主张开展人工智能研究

[①] 《人工智能时代概念精选》(2023 年 10 月 30 日),公务员期刊网,https://www.21ks.net/haowen/186775.html,最后浏览日期:2024 年 7 月 3 日。

[②] 《重磅:中国人工智能 40 年发展简史》(2023 年 7 月 10 日),慧天地,https://roll.sohu.com/a/696234450_121123740,最后浏览日期:2024 年 7 月 3 日。

续表

日期	主要发展情况/标志性事件
20世纪70年代末至80年代初	中国相关研究处于起步阶段,开展一些基础性的相关研究工作
1981年9月	中国人工智能学会(Chinese Association for Artificial Intelligence, CAAI)在长沙成立
1982年	中国人工智能学会刊物《人工智能学报》在长沙创刊
1984年	国防科工委召开全国智能计算机及其系统学术讨论会
1985年	国防科工委召开全国首届第五代计算机学术研讨会
1986年	中国把智能计算机系统、智能机器人和智能信息处理等重大项目列入国家高技术研究发展计划(863计划)
1986年	清华大学出版社出版《人工智能及其应用》
1989年	首次召开中国人工智能联合会议(CJCAI)
1993年	智能控制和智能自动化等项目列入国家科技攀登计划
2006年8月	在北京举办"庆祝人工智能学科诞生50周年"大型庆祝活动
2009年	中国人工智能学会牵头组织,向国务院学位委员会和中华人民共和国教育部提出设置"智能科学与技术"学位授权一级学科的建议
2014年6月	中国科学院第十七次院士大会、中国工程院第十二次院士大会开幕式上强调开展人工智能和智能机器人技术开发
2015年	十二届全国人大三次会议对人工智能技术的重要作用给予了充分肯定
2015年5月	《中国制造2025》部署全面推进实施制造强国战略
2016年4月	工业和信息化部、国家发展改革委、财政部等三部委联合印发《机器人产业发展规划(2016—2020年)》
2016年5月	国家发改委和科技部等四部门联合印发《"互联网+"人工智能三年行动实施方案》,明确未来三年智能产业的发展重点与具体扶持项目

第三节 人工智能对数字经济发展的影响

一、人工智能助力数字经济快速发展

人工智能技术的应用能有效推动数字经济发展,让数字经济更快速走向智能化、自动化和普惠化。比如,人工智能算法可以帮助企业提高工作效率,为数字经济提供更高效、更精准、更优质的服务和产品,从而增加企业和用户的利润。

人工智能技术还能够优化数字经济中的供应链、物流等环节,减少生产和流通环节中的低效问题并降低成本,从而提高数字经济的整体效率和降低运营成本。换言之,人工智能技术为数字经济的健康发展提供了强有力的支持。

二、人工智能创造数字经济新生态

人工智能技术创新也为数字经济提供了全新的发展思路和创新行动。在数字经济这一基础上,人工智能技术可推动新型能源、智慧交通、智能制造等领域的创新发展,拓宽数字经济的应用场景。数字经济将面临新的挑战和新的发展机遇。

同时,人工智能技术也可以帮助数字经济探索多样化的商业模式和运营模式。例如,人工智能可以助力数字经济进一步深化创新,降低创新风险,形成全新的协作生态模式,推动各种业务的跨界发展。数字经济不仅具备了更多的融合之力,而且也更具有可持续性和创新力。

三、人工智能带来数字经济的安全挑战

在数字经济快速发展的同时,可能会给个人和企业的安全带来威胁,人工智能技术的广泛使用可能会使得数据不再安全,导致数据受到不良分子的攻击,造

成巨大的经济损失。此外,人工智能技术也可能会导致信息泄露和其他安全问题,通过欺诈、间谍和各种网络攻击来破坏或截获企业的数据。

为了将人工智能与数字经济的发展联系起来,必须注意数据安全问题。这涉及智能设备的加密和设备管理策略的制定等方面,还需要加强政策的制定和维护。从长远来看,数字安全的发展趋势将与人工智能的发展趋势相互交织,依靠多种手段来保障数字经济的可持续发展。

四、人工智能带来数字经济的机遇

人工智能技术推动数字经济持续发展,其内在联系也为创新提供了更广阔的空间,它可以加速数字经济的发展和突破,为更多的新型企业带来成长的机遇。数字经济在"物联网+人工智能"等"新设备+升级"领域的进一步发展,也为人工智能技术的创新发展提供了广阔的舞台。

随着人工智能技术的不断升级,也将带来大量的新市场和新商机。比如,智能家居、智能养老、AI 医疗等领域的创新与发展,将推动数字经济在智能服务方面的不断升级和提升。这样,人工智能技术和数字经济互相支持,将创造出更好的机遇和利益。

五、人工智能面临发展不足的挑战

人工智能技术在数字经济发展中发挥着越来越重要的作用,但保持可持续的发展需要大量的数据、算法和人力资源投入,企业在发展人工智能的同时,也需要懂得整体规划、倡导创新文化,并促进互联合作。

除此之外,在数字经济中,人工智能的应用和创新还面临着技术、安全、法规和道德等挑战,智能算法的精确程度和分析能力,在涉及庞大的数据处理中也可能会出现失真和异常的情况,相关部门需要对此不断加强监管并加快技术改造,创造更好的发展环境。

第四节　人工智能的案例分享[①]

一、医疗行业

应用项目诸如新冠病毒感染的 X 光片识别，肿瘤靶区的 CT 影像识别，显微镜图像中人工授精囊胚结构识别等。如"肿瘤靶区的 CT 影像识别"的应用背景：放疗前，医生需要勾画出肿瘤和正常组织的范围，这一步骤的质量密切关系到放疗质量。目前的方案一般都是由医生手工勾画，勾画标准比较随意，不同医生之间勾画的结果差异较大，为最后的结果增加了很多不确定性。应用深度学习算法对 CT/MRI 双模态影像进行处理，很好地解决了目前的问题，精度能达到医生勾画水平。

二、农业

应用项目诸如草莓自动收获目标采摘点定位，玉米雄穗开颖率智能检测，联合收获机自动驾驶，土壤肥力快速原位检测及变量施肥等。草莓自动收获目标采摘点定位的应用背景：采摘收获是草莓生产各个环节中人工劳动强度最大，人工劳动时最长，生产成本最高的环节，用机器人代替人工势在必行。但草莓果实娇嫩易损，所以果萼片上方 5 毫米左右的果柄位置是最佳采摘点；由于草莓长出来后常有生熟共存、果实堆叠、叶子遮挡等问题，故在不同的光照和天气条件下，从复杂自然环境中准确识别需采摘的草莓并精确定位目标果柄，是一项关键技术。目前，利用组合深度神经网络和多传感器融合技术，已能初步实现这一技术，整个草莓采摘机器人实现了 96% 以上的无损采摘成功率，采摘速度也可达到 4 秒/颗，并有望在年内再度大幅度提升。

[①]《人工智能应用场景》(2023 年 9 月 12 日)，知乎网，https://zhuanlan.zhihu.com/p/655519217，最后浏览日期：2024 年 7 月 3 日。

三、交通行业

应用项目诸如导航路径规划,车牌识别,道路缺陷检测,车辆行为识别等。车辆行为识别的应用背景:如物流领域经常需要确认车辆身份、监控车辆是否有异常停靠、查看车辆是否进入或者离开了作业区域、确认车辆状态。传统监控方式下,实施现场平铺式监控设备列表,监控位置不直观。设备运转较为传统,需高频次人工巡检。利用 AI 算法可以提升监控系统处理异常时间的效率,减少人工操作带来的误差、为精细化管理提供技术支撑。

四、金融行业

应用项目诸如智能风控,智能反洗钱,财报解析等。如众多金融机构和公司都会选择使用反洗钱系统来量化和把控金融交易中的洗钱风险。为了保障用户交易资产依法合规,银行资管系统需将用户的开户资料全部录入反洗钱系统中进行审核和风控。但用户大多以图片、PDF 等不可直接复制文字文本的扫描文件方式上传信息(如身份证、营业执照、开户申请书、企业征信报告),人工录入只能靠逐字键入,不仅过程烦琐、极易出错,为了确保信息的准确性一些银行资管还不得不设二次核验专岗。为了解决这一难题,提高用户信息录入效率,减少人工操作产生的错误,银行资管引入智能化用户信息录入系统来简化流程、降低信息录入及核验的人工成本。AI 系统能专门针对用户信息录入,提供智能导航和自动录入功能,并进行文档分析。

五、工业

应用项目诸如机加工工件瑕疵检测,冶金工艺参数智能计算,液晶屏缺陷检测,电池高精度质检。如电池高精度质检的应用背景,在新能源车动力电池生产环节中,金属焊接产生的颗粒是否掉落表面、是否漏涂、焊接工艺是否一致等,是每个工序后必需的检测细节。动力电池的质量极为关键,一旦出现瑕疵,如果在终端市场上没有其他系统设计辅助,会导致重大财产安全问题。宁德时代采用基于 YOLO 算法和残差网络(ResNet)主干的模型,利用计算机视觉技术升级了监测方法,整体产品检测相较于原本的传统检测算法过杀率降低了66.7%,缺陷漏检率小于1DPPB,也大大降低了产线研发成本。

六、能源电力行业

应用项目诸如高压输电线路无人机视觉巡检,端子排接线检测等行为。如端子排接线检测的应用背景:接线柜的传统检查方法主要依靠人眼目检或者人工手持扫描设备扫描检测。这两种检查方式都离不开人员作业,消耗大量人力资源,无法适应自动化生产的要求。人眼目检不仅效率低,而且随着人眼的作业疲劳,检测准确性将大大降低。人工手持设备不但扫描效率低,而且误检、漏检率高。

传统的光学字符识别(Optical Character Recognition,OCR)技术(不基于AI)并不能完成对非平面上字符的准确识别,而利用基于深度学习的OCR技术,可以大大提高识别的稳定性和各种光影条件下的适应性。

七、公共服务

主要用于人脸检测,地铁站口罩佩戴检测,虚拟传感器建模,垃圾分类自动化等项目。如虚拟传感器建模的应用场景:愿意坐动车和高铁,是因为人们知道它"安全",工程师们是用虚拟仿真技术先模拟好,按严格的规程确保"模拟结果"的安全能够保证"真实情况下"的安全,这就要求其有足够的"复杂"和"真实"的参数关系进行"建模"。

而AI就能够深度挖掘电流、电压信号与振动信号间的内在关系,借助深度学习算法自主提取特征,以电流电压数据模拟机械设备振动状态,从而结合已有故障诊断算法实现列车设备及子系统的实时状态监测功能。

 思考题

1. 人工智能的含义是什么?

2. 人工智能的特征有哪些?
3. 了解人工智能的起源与发展脉络。
4. 人工智能给数字经济带来哪些影响?
5. 人工智能对各行各业的影响有哪些?

第八章

数 字 产 业

本章学习要点

1. 了解数字产业形成的过程;
2. 理解数字产业的特征;
3. 掌握产业数字化转型对国民经济的影响。

产业数字化成为近年来数字经济发展的重点,各个产业在传统产业模式的基础上进行数字化转型。产业数字化给各个产业带来了更加便利的体验和服务,增强了产业的数据搜集与处理能力,大大提高了人们的工作效率。各个产业在进行数字化转型过程中,特别要注意以下问题:

(1) 数字产业有哪些区别于其他产业的特点?
(2) 农业数字化转型后的模式是什么样的?
(3) 工业数字化转型后的模式是什么样的?
(4) 服务业数字化转型后的模式是什么样的?

第一节　数字产业的形成与特征

一、数字产业的形成

数字产业即数字经济核心产业,是指为产业数字化发展提供数字技术、产品、服务、基础设施和解决方案,以及完全依赖于数字技术、数据要素的各类经济活动。

从发展内涵看,数字产业是数据信息的产业化,主要指信息通信产业,具体包括电子信息产业、电信业、软件和信息技术服务业、互联网和相关技术服务业;从发展结果看,数字产业可以作为个体被单独核算,数字产业因自身特性先于产业数字化对经济发展产生贡献,但传统产业应用数字技术带来的规模和产出是数字经济对实体经济产生影响的主要贡献部分,即数字产业的贡献小于产业数字化;从发展逻辑看,数字产业的快速发展促使传统产业开启数字化进程,并引导全社会探索数字经济体系的组成和机理,关注数字治理和数字价值等问题,数字产业化呈现出相互促进的内在逻辑,成为数字经济市场价值体现的核心。数字产业倾向于聚焦需求端,重点在于已有产品的市场价值实现,因此,数字技术的通用性和普及性能够使数字产业化,同时拓展发展深度和广度。

二、数字产业的特征

数字产业的特征主要表现在以下三个方面。①

(一)创新频率高

经济发展离不开科技创新的推动,技术支撑是产业发展的重要基础。但数字产业化与传统产业领域的创新存在较大的差异,其创新频率是传统产业无法比拟的。克里斯坦森(Christensen)提出"颠覆性技术"(Disruptive Technologies)的概念。② 他认为,颠覆性技术带来了主流客户所忽视的价值主张。互联网、云计算、大数据、物联网、人工智能以及区块链等数字技术是数字产业的重要驱动力。数字产业拥有颠覆性数字技术,是当前需要深入挖掘的颠覆性产业。

与传统产业相比,数字产业呈现创新频率高的特点,具体体现在:传统产业的技术相对较为成熟,技术突变少,新技术与原技术存在较大的相似性和演进上的连续性。当颠覆性技术出现并成为传统行业的主导技术后,会进入较长时间的技术稳定期。而在数字产业中,持续不断地有新数字技术成熟并进入产业化

---

① 参见于小溪:《环保数字产业化的模式研究与对策建议》,河北经贸大学产业经济学硕士学位论文,2022年。
② Miyase Christensen, "Technology, Place and Mediatized Cosmopolitanism", in Andreas Hepp and Friedrich Krotz, eds., *Mediatized Worlds: Culture and Society in a Media Age*, Palgrave Macmillan UK, 2014, pp. 159-173.

阶段,形成新产品、新服务或新的商业模式,因此数字产业具备创新频率高的特征。

(二)规模范围广泛

数字产业离不开数字技术或新一代信息技术的支撑,数字技术和新一代信息技术是具备代表性的通用目的技术。通用目的技术具备应用广泛性、技术改进持续性以及在应用领域促进创新等特征,不仅能在各个行业以及领域中应用广泛,也会带动各行业产生颠覆性变革,例如在产品形态、业务流程、产业业态、商业模式、生产方式、组织方式以及治理机制等多个方面。同时,数字产业涉及的规模范围较为广泛,数字产业的发展为企业提供创新动力,助力企业形成跨界竞争,从而促进全行业良性发展。如,近年来手机短信发送量大幅度减少,不是由于其他运营商的强势竞争,而是由于数字产业的发展让微信平台取代了短信的位置,成为更为便捷的日常沟通方式;方便面销量的减少也不是因为其竞争对手抢占市场,而是蓬勃发展的数字产业衍生出了一系列外卖平台产业(美团、饿了么等),能够更加便捷地满足人们的多样化用餐需求。数字产业化的不断发展,使技术、商业模式的发展方向更为多元化,涉及的规模范围更为广泛。

(三)专业化平台经济超速增长

在数字产业的不断推动下,大数据数字平台产业快速发展,平台经济成为新型生产组织形态。平台的专业化体现在平台拥有强大的中介作用,平台将不同用户聚集在一起,并为用户活动提供基础设施,平台是一种将两个或者更多个相互独立的团体以供应的方式联通起来,实现外部供应商和顾客间价值创造的商业模式。平台将用户和产品服务供应商连接起来,为用户和供应商提供信息交流和产品交易的空间,是一种典型的双边市场。网购领域中的淘宝、天猫、京东、拼多多等以及社交领域中的微信、QQ、抖音、快手等都是典型的专业化平台。此外,越来越多的产品或项目的开发、生产和维护是通过利用大数据数字专业化平台产业将消费者信息搜集起来,推动社会化生产模式的形成,例如以维基百科为代表的众包模式、开源社区以及慕课等。由此可见,专业化平台经济已经成为数字经济领域中具备良好发展优势的商业模式和组织形态。

第二节　农业数字化转型

一、农业数字化转型的背景

随着"互联网+"为代表的新一轮现代信息技术革命和产业变革的蓬勃发展,数字经济成为全球新一轮综合国力竞争的新焦点,如欧盟地区的数字经济战略、美国的工业互联网、德国的工业 4.0、日本的新机器人战略等,成为新常态下经济结构转型升级和重塑生产关系的新路径,是新时代拉动经济增长的新引擎,数据成为国家创新战略资源和社会新兴生产要素。我国政府也积极推进"数字中国"建设,产业数字化、数字产业化的贡献显著增强,已成为驱动供给侧改革的新动能。2022 年,我国数字经济规模达 50.2 万亿元,总量稳居世界第二,占 GDP 比重提升至 41.5%,数字经济成为稳增长促转型的重要引擎。2022 年,我国数字产业化规模与产业数字化规模分别达到 9.2 万亿元和 41 万亿元,占数字经济比重分别为 18.3% 和 81.7%,数字经济的二八比例结构较为稳定。产业数字化对数字经济增长的主引擎作用更加凸显。2022 年,产业数字化规模同比名义增长 10.3%,占 GDP 比重为 33.9%,占数字经济比重为 81.7%。在数字经济中,产业数字化占比高于数字产业化占比,三次产业数字经济是三产优于二产、二产优于一产。所以加快数字技术与农业生产经营深度融合,用数字化引领驱动农业农村现代化,对实现农业数字化转型升级具有重大意义。[①]

二、农业数字化转型的主要领域

(一) 农业自然资源与环境数据

包括土地、气象、灾害、生物和地理信息资源数据。通过分析土壤成分数据,可得到各个地块种植不同作物的耕作、播种、施肥、打药或收获时间;通过分析气

---

① 参见中国信息通信研究院:《中国数字经济发展研究报告》,2023 年。

象资源数据,可获得农场范围内的实时天气信息,如温度、湿度、风力、雨水等;通过灾害数据,可以预测未来环境趋势走向、病虫害趋势等,优化农业资源的配置;通过生物资源数据,可以精准地识别出杂草,有选择性地杀死有害植物,从而减少化学农药的使用;通过地理信息数据资源,综合性地将各类涉农数据横向、纵向进行叠加,可视化展示每一块涉农土地的详细信息。

(二) 农业生产数据

包括种植业和养殖业生产数据,种植业生产数据包括播种、耕地、育苗、粮仓、农药、化肥、水渠、晒场、机械和农情信息;养殖业生产数据包括圈舍环境、个体特征、品种科目、饲料构成和役畜情况等。农场生产管理系统在田间地头运用各类物联网传感器,全程监控农作物生长过程中,种子、化肥、杀虫剂的选择与使用情况,自动采集农田数据并及时反馈农作物的生长数据,使农户可以直观、快速、准确地了解农田情况,为农作物生长和病虫害防治等日常工作提供更加科学化的管理和指导。

(三) 农业市场数据

包括生产资料市场、供求市场、电子商务市场、金融市场、流通市场和国际市场等信息。通过分析农产品市场供需数据、消费者市场行为趋势和短中长各期市场价格动态,监测农产品市场供给与需求的匹配度,继而利用农业大数据对农产品产前规划、产中管理与产后销售进行全链条资源配置,产、供、销对接更精准,减少或避免农产品"跟风种植"带来的"滞销"或者"难卖"现象。同时,农产品销售过程中运用数字化的溯源技术对农产品分配唯一的"二维码"ID 标识,覆盖农作物从种养到食用全链条的信息,确保为消费者提供健康安全的"保真"食品,为农业 O2O 打开了更大的市场空间。

(四) 农业管理数据

包括国民经济、宏观经济走势、国际贸易、国际农产品动态和突发事件等信息。农民通过智能手机或平板电脑内置的 APP,有目的地、系统地收集、记录、整理涉农产业市场行情,规划农事生产、制定农业决策,加速资源要素流动;精准定位农业产业发展方向,实现农业从种植到产供销各个环节达到规避风险、管理透明、优化资源配置;全程智能管控和市场精准分析,提升农产品的品质化、品牌化、数字化,促进城乡之间的物质与精神协调发展,实现农业由粗放型转为精准的数字型。

第三节 服务业数字化转型

一、服务业数字化转型的背景

服务业对于经济的重要作用在于其对于国内生产总值的贡献已经占到了主导地位,这一情况将持续到未来。服务业的发展还促进了城市化进程、扩大了就业机会、改善了居民生活水平、吸引了外资和技术,并促进了经济结构调整。当前,服务业正在经历一系列创新和转型,如大数据、人工智能和云计算等新技术正逐渐渗透到各个领域。因此,未来服务业的发展将持续对中国经济作出不可低估的贡献。

从需求角度看,居民收入持续提升所导致的消费升级,造成服务业需求不断提升。同时,人口老龄化趋势的加速,也造成了相关养老服务需求的提升。从供给侧角度看,国内的服务业市场,尤其中小企业居多的传统服务业,呈现小、散、乱、差的局面,服务的品质和效率都亟待提升。经过多年的发展,数字化的基础能力已经基本具备。过去几十年基础电信行业和信息科技行业的发展,近十几年来互联网平台的兴起,以及近年来新基建等基础设施的投入,都为服务业的数字化转型提供了良好的数字化基础。

二、服务业数字化转型的主要领域分析

(一)传统零售的数字化革新

数字化新零售整合传统消费情境中的"人""货""场"三元素,用以"人"为中心的经营模式取代之前局限于以"场"为中心的模式。随着市场竞争的加剧,用户体验、用户需求、用户感知被提到了空前重视的高度,以往直接面向消费者提供产品服务(B2C)的商业模式开始向基于互联网、大数据技术的用户直连制造

C2M(Customer to Manufacturer)全新商业模式转变。在 C2M 商业模式中消费者的个性化、定制化、小众化的需求订单由计算机系统底层数据赋能,自动化加工完成,实现一定的需求在技术的支持下逆向牵引产品服务提供方进行精准营销。例如,"便利蜂"自助交易柜提供的心愿单功能借助大数据技术让用户主导商品的供应与上架,突破原有的单一产品营销思维模式,主动让消费者的迫切需求与购物偏好引导商品备货,这种由物流信息系统、大数据分析等数字化科技支持的"逆向牵引"型新零售模式赢得了不少顾客的好评,销售份额大幅增加,顾客感知价值明显提升。

(二)数字技术驱动数字文旅产业融合

随着数字技术在文旅产业的应用,文旅产业基于获取利益和实现价值的动机,会逐步推动产业组织结构的调整,由此会带来文旅产业发展模式的变革和新业态的发展,形成新的发展动能。近年来,VR、AR、5G 等数字技术在文旅产业中加快应用,诞生的诸如虚拟现实景区、虚拟现实娱乐、数字博物馆等全新的文旅业态即是佐证。随着数字技术的进一步渗透,各类传统的文化资源和旅游资源借助数字技术得以"活起来",由此将不断创造文旅产业新资源,催生文旅融合新业态,推动形成数字文旅新生态和数字化新型产业链,在此基础上,将会不断改善文旅产业发展的基础设施,改变文旅产业发展的商业模式,提升文旅产业的有效供给水平,开拓文旅产业发展新的空间。

(三)数字技术驱动养老业的数字化转型

通过加快完善养老服务智能感知体系,逐步形成覆盖需求与供给两端的智能感知"一张网"。有效支撑老年人日常需求,特别是核心需求的采集与数字化供给,如日常生活照料、健康体征监测、政务服务办理等。着力打造老年人精准画像,融合人口库、居民健康档案等现有各类与老龄群众相关的数据库,从数据维度构建老年人个体精准画像,为"一人千面"的个性化服务打下坚实的数据基础。搭建一体化数字养老服务平台,由政府主导,底层实现养老服务各相关数据的汇聚与协同流转,上层实现数字化为老服务能力的一体化统筹供给。构建全领域数字养老应用体系,由企业主导,基于养老服务与监管标准、规则,释放市场主体活力,推进养老服务全领域的数字应用体系建设,深挖老年人精准画像和养老服务相关数据信息,推进养老服务数字产品的创新、多样化开发。①

(四)医疗产业的数字化转型

医疗数据的数字化转换是目前许多医疗保健公司实施数字化转型计划的核心。通过数字化医疗数据,医院可以收集和分析病人的病史、诊断、处方和治疗方案,帮助医生制定更好的治疗方案,提高诊断的准确性,并且加强病情跟踪和疗效评估。实施电子病历,使患者的医疗记录可以在医院间分享。数字化医疗数据不仅能为患者提高医疗质量,也可以帮助医疗机构提高效率。医院可以利用数据分析来预测病人的不同治疗计划下的所需医药品、耗材等,从而优化医疗采购计划。在数字化过程中,医院还可以优化流程,从而减少人工操作,提高效率、降低成本。医疗保健领域还有其他许多数字化机遇,包括移动医疗、远程医疗等。通过无人值守盒式药房、智能医疗器械等技术使医疗机构的医生和患者可以随时随地远程咨询、交流和观察病情,提高预防、诊断和治疗的效果。移动医疗可以利用智能医疗设备和移动平台来追踪病人的健康状况和治疗进度,以及向病人提供患者教育和康复指导。这种方式还使得医疗机构能够识别潜在的传染病疫情,及时采取预防措施。

(五)教育行业的数字化转型

教育数字化转型是以数字化为支撑的,在计算机和网络技术上建立起来的对教学、科研、管理、技术服务、生活服务等校园信息的处理、整合、储存、传输和应用,使数字资源得到充分优化利用。能够实现从环境(设备、教室等)、资源(图书、讲义、课件等)到应用(包括教、学、管理、服务、办公等)的全部数字化,构建一个数字空间。数字化将进一步解答"如何学习"这一问题。数字化通过数据开发、采集、记录、分析,进一步指导教学工作,实现精准化教学和个性化指导。同时数字化技术可以发现学习者的学习习惯和学习规律,提升学习者的自主学习能力。另外,基于移动互联网、云计算、大数据、人工智能等新技术的不断涌现,为学习评价提供了新的方法,可以借助课程教学过程中所生成的大数据开展多维度分析、过程性评价与动态反馈,构建新型的评价机制和教育资源供给模式。

---

① 顾泳峰、周应龙:《养老服务业:数字化转型势在必行》,《上海信息化》2021年第5期。

如数字化教学改变了原来教师使用板书给学生上课的模式,取而代之的是多媒体电脑、网络教学、电脑手写笔输入等新型教学方式。

(六)金融行业的数字化转型

首先,数字化转型使得金融业务可以更加高效地处理。传统的金融业务涉及大量的人工操作,需要耗费大量的时间和人力。而数字化转型后的金融业务能够利用信息技术自动化处理和分析数据,提高了金融业务的效率和准确性。其次,数字化转型使得金融机构可以方便地拓展其市场,并跨越地域限制,让更多的人参与金融市场。例如,电子银行、手机银行等数字化金融服务,让消费者能够更加便捷地进行金融交易。这类数字化金融服务的出现,为消费者和金融机构都提供了更多的机遇。最后,数字化转型使得金融机构可以开创全新的业务模式,如机器人顾问、区块链等。这些业务模式能够更好地服务于消费者的需求,同时也能够提高金融机构的收入。

第四节 工业数字化转型

一、工业数字化转型的背景

工业企业数字化转型是发展数字经济的主战场,是工业实现高质量发展的主抓手,是工业利用好新科技革命与产业变革机遇必须打赢的一场攻坚战。随着工业转型升级、高质量发展方兴未艾,工业数字化作为时代的弄潮儿,一跃成为地方和行业热议的焦点。与工业数字化相伴,大数据、云计算、物联网、区块链、人工智能、边缘计算等新技术纷至沓来。公有云、私有云、云制造、雾计算等新词层出不穷。工业数字化,从本质上讲就是实现人、机、物的全面互联的新型网络基础设施,形成智能化发展的新兴业态和应用模式。根据工业数字化产业联盟的定义,工业数字化是指互联网和新一代信息技术与工业系统全方位深度融合所形成的产业和应用生态,是工业智能化发展的关键综合信息基础设施。

2015年以来,国务院相继印发《中国制造2025》《关于深化制造业与互联网融合发展的指导意见》等政策文件,对制造业数字化转型进行了全面部署,工业和信息化部、财政部等部门相继印发了《智能制造发展规划(2016—2020年)》《工业互联网发展行动计划(2018—2020年)》等规划,明确了制造业数字化转型的具体目标和重点任务。上述文件制定了技术研发、成果应用、重点领域突破、金融、财税、人才、基础设施、质量基础、信息安全、服务平台、国际交流合作、组织保障等方面的支持政策和措施,发挥了明显的推动和促进作用。

二、工业数字化转型的主要领域分析

(一)制造智能化

制造智能化是指利用智能化技术和设备,将人的智能与机器的智能完美融合,实现从产品设计、生产制造、运维服务全生命周期的智能化。智能制造的核心,在制造过程中应用物联网、云计算、大数据等新一代信息技术,实现人、机、料、法等生产要素的有机协同,以实现生产过程的智能化。智能制造将推动企业生产模式从传统"人找货"向"货找人"转变,让企业与用户之间实现更大范围的实时互动和精准匹配,推动生产方式向柔性化和定制化方向发展。

(二)生产精益化

在工业领域中,精益生产是指一种在生产过程中将所有的生产要素(如人、财、物、信息等)都进行优化配置,使其达到最优化组合的生产模式。通过工业互联网平台的赋能,使得企业可以实现对生产设备的自动化控制和数据采集,利用虚拟现实、增强现实等技术将工业设备连接到互联网上,并对其进行数字化改造,提高工业生产过程的自动化水平,减少人工干预,实现现场无人化作业,并进一步通过大数据分析提高设备维护保养水平。通过数字孪生技术可以在虚拟空间构建和优化全生命周期的工业模型,从而优化车间设计和制造工艺,提升产品质量。

(三)研发设计

工业产品的研发设计逐步趋向"以用户为中心",依托售后和调研得到的大数据分析报告为客户提供精准画像,并依托大数据评测分析产品优化所需的材料、提升产品各个环节的效能技术,以此实现产品的创新,加速产品的迭代。而在设计方面,除去 CAD、CAE 等较为成熟的数字化应用工具外,3D 打印、VR 等新技术也在产品设计中得到应用。

(四) 项目管理

工业的项目管理覆盖财务管理、客户管理、供应链管理、产品质量管理、设备管理、库存管理等多个领域,依托工业大数据平台,目前 CRM、ERP、SCM、APS、EOS 等管理系统已在上述领域得到广泛应用。不同行业拥有各自特殊的管理系统,如食品行业的质量可追溯体系。

(五) 产品销售

数字化推进工业的产业链进一步向服务延伸,销售是主要的服务赋能环节,通过建立电商渠道扩展工业企业的销售网络,并依托数据分析、深度学习等技术分析销售大数据对客户进行精准营销,随后将数据反馈用于工业企业调整产品生产进度和产品研发创新。

第五节 数字经济对产业发展的影响

一、数字经济为产业发展带来的机遇与挑战

数字经济的快速发展为各行各业带来了许多机遇。数字技术的不断创新和应用使得传统行业可以更多元化、更高效地开展商业活动。互联网等数字化技术使得市场之间的交流更加便捷,信息变得更加透明,市场竞争也变得更加激烈。这些理念的变革,使得一些熟悉和制定相对固定的市场规则的企业和专家不再有统治市场的优势。

数字经济是促进产业升级的重要力量。数字经济运用新技术不断提高传统企业的业务模式、管理模式和生产模式,最终实现企业数字化、智能化和网络化的升级。在数字经济日益发展的背景下,现代金融、制造业、零售等产业已经开始向数字经济领域转移,以便更好地满足客户需求和市场竞争。目前,很多企业已经采用智能制造的模式,提高生产效率和产品质量,降低人员成本。同时,数

字化零售也让消费者可以轻松进行远程购物,使得线上与线下的消费融合起来,提高经济的现代化水平。此外,数字经济还促进废弃物资源利用、跨境贸易合作、共享产业等多领域的跨越式发展。

虽然数字经济为企业带来了不少机遇,但数字经济在发展的同时也存在着许多的挑战。首先,数字经济的快速发展给传统产业带来了冲击,将产生许多棘手的问题,如人力物力的不足等,这需要企业有很高的创新和适应能力。此外,数字经济也会带来新的安全问题。大部分企业存储了大量的数据,因此数据的安全成为企业最大的隐患。为了防止数据污染、黑客攻击等问题,企业必须加强数据的安保和防范措施。

二、数字经济对产业链的重构

数字经济不断推动生产、流通、消费等各环节的全面数字化。在传统产业链中,每一环节之间的联系往往比较单一,数字化技术的引入则能够实现全方位、多元化的信息交流和资源共享。例如,在农业领域中,数字技术为农村经济发展注入了新的活力。智能化生产、全程溯源、电商销售等数字技术的应用,极大提高了农产品的质量、效益和安全性,带动了整个农业产业链的高质量发展。

另外,在制造业领域中,数字技术也让"智能制造"成为现实。制造环节的全面数字化、模块化、协同化,利用大数据分析等工具进行生产监控、运营管理等,不仅可以降低生产成本、提高产品质量,还能改变产业链的传统模式,实现跨界合作和新型业态的崛起。

三、数字经济推进产业的转型升级

数字经济的发展为产业的升级提供了源源不断的动力。例如,在文化旅游产业中,随着数字经济的逐步渗透,凭借电商、微信、支付宝、在线直播等各种工具,文化旅游产业实现了全方位、全时空的展示和推广,市场发展潜力被进一步激发。在印刷业、出版业中,数字图像处理、数字化设计等技术不断深化,推动了传统印刷、出版模式向数字化方式的转变,使得整个产业链更加智能化、个性化。

此外,数字经济的发展还推动了传统产业向"智能+"转型升级。例如,在制造业领域中,传统的机械设备往往容易出现故障和停机,而通过对设备进行增加智能化模块的改造,不仅可以实现数据采集、信息分析,增加设备的健康状态监测,还可实现设备的自动化运行、调整,提高制造效率,减少人力成本和产能浪费,促进整个产业集群的转型升级。

四、数字经济推动产业的融合与协同

数字经济带来了传统产业领域的资源、技术、管理等各个方面的转变。与此同时,产业主体之间的相互依存、相互策应关系也变得更加紧密。数字经济的出现,特别是智能化的数字技术,为不同的产业与企业提供了沟通、协调和融合的途径,促进了产业的跨界融合和企业间的协同合作。例如,在稀土产业中,稀土的开采、冶炼、应用等环节都需要与其他行业和领域进行深度融合。稀土领域可与光伏、新能源、车联网等产业进行融合,形成高新技术新领域。除此之外,金属、化工等传统产业与医药、军工等高新技术应用等都可以与稀土领域深度协同、利用。

思考题

1. 了解数字产业的形成与发展。
2. 农业数字化转型表现在哪些方面?
3. 服务业数字化转型表现在哪些方面?
4. 工业数字化转型表现在哪些方面?

第九章

数字金融

本章学习要点

1. 了解数字金融的发展脉络；
2. 了解数字金融的概念与特征；
3. 掌握数字金融的测度方法；
4. 了解数字金融与传统金融的区别与联系；
5. 掌握数字金融带来的经济效益。

随着金融市场的发展，一种新型金融模式被提出，即"数字金融"。凭借大数据、云计算等数字技术，数字金融在解决传统金融体系存在的"排斥"问题中发挥了重要作用，突破了传统金融服务的空间限制，从传统金融不易触及的渠道助力金融服务和国民经济增长。在经济增速放缓的背景下，数字金融作为一种新型金融业态，探讨其发挥的经济效应，对于更好地推动经济发展具有重要的现实意义。本章主要关注以下问题：

(1) 数字金融是如何产生的？

(2) 数字金融及其特点是什么？

(3) 数字金融的指标测度方法是什么？

(4) 数字金融与传统金融有哪些区别与联系？

(5) 数字金融会带来哪些经济效应？

第一节 数字金融的含义与特征

一、数字金融的概念

数字金融(Digital Finance)的内涵,学者们从不同视角进行了阐释。从数字金融的金融属性来看,数字金融的核心属性并未被数字技术改变,其本质仍然属于金融,因而仍遵循金融的基本规律。[1] 从数字金融的技术属性来看,以大数据、人工智能、云计算、区块链等为标志的新一代信息技术的兴起加速了金融服务的数字化转型,颠覆了传统金融服务的技术与模式,拓展了金融服务的触达能力,是技术驱动的金融创新。[2] 从数字金融的业务来看,既包括移动支付、众筹、互联网金融消费、数字保险等常见的金融服务,也包含加密货币、初始货币等产品,涉及金融体系的众多方面,其中移动支付和在线借贷是中国数字金融最突出的两大业务,不少证据表明,这两大代表性业务以低成本、高效率、精准化的金融服务推动了金融普惠[3],从而让数字金融更有效地服务实体经济。从数字金融不同于传统金融的独特优势来看,首先,数字金融突破了金融服务对于物理网点的束缚,摆脱了风险评估对于征信记录和抵押担保的依赖,从而延展了金融服务的触达范围,提升了信贷可得性,弥补了传统金融的供给不足。[4] 其次,数字金融作为技术驱动型金融创新,能够依靠数字技术挖掘多维度多层次的信息来满足金融业处理海量信息的需要,从而降低了信息搜寻、处理和验证成本,有效克服了信息不对称问题,缓解了金融资源错配问题,提升了金融供给质量。[5] 再次,数字金

---

[1] 张勋、万广华、张佳佳等:《数字经济、普惠金融与包容性增长》,《经济研究》2019年第8期。
[2] 李春涛、闫续文、宋敏等:《金融科技与企业创新——新三板上市公司的证据》,《中国工业经济》2020年第1期。
[3] 黄益平、陶坤玉:《中国的数字金融革命:发展、影响与监管启示》,《国际经济评论》2019年第6期。
[4] 黄益平、黄卓:《中国的数字金融发展:现在与未来》,《经济学(季刊)》2018年第4期。
[5] 唐松、伍旭川、祝佳:《数字金融与企业技术创新——结构特征、机制识别与金融监管下的效应差异》,《管理世界》2020年第5期。

融提升了金融机构处理交易的速度①,尤其是支付系统的革命,颠覆了支付方式,缩短了结算链条,使得金融服务能够及时、便捷地被处理,加速了流通与交换速度,并最终提升了金融运行效率。最后,数字金融让被正规金融服务排斥在外的长尾群体能够享受到同样的金融资源,推动了普惠金融的发展。②

由于数字金融的概念与互联网金融(Internet Finance)、金融科技(FinTech)十分相似,本节进一步通过比较三者的差别来清晰界定其内涵。目前,数字金融还缺乏一个统一的定义,贡贝尔(Gomber)等人认为数字金融包括大量新的金融产品、金融业务、金融相关软件以及由金融科技公司和创新金融服务提供商提供的新型客户沟通和互动模式。黄益平认为数字金融泛指金融机构和互联网企业借助数字技术开展融资、投资、支付以及其他新型金融业务的新兴金融模式。③ 谢平和邹传伟提出,泛指依托于互联网技术开展的资金融通、支付、投资和信息中介服务的金融业务模式。④ 金融稳定理事会(Financial Stability Board, FSB)对金融科技的定义是,通过技术带来的金融创新,由此创造出的新的业务模式、应用、流程或产品。

本书对于数字金融的定义,沿用大部分文献的观点,认为数字金融是银行、证券等传统金融机构和互联网公司等新兴企业借助新一代信息技术开展融资、投资、支付以及其他新型金融业务的新金融模式。⑤

二、数字金融的特征

(一)服务成本更低

数字化变革大大降低了传统金融的服务成本,主要体现在两方面。一方面,传统金融机构无论是线下铺设经营点还是拓展分部组织,都避免不了固定成本

---

① Andreas Fuster, Matthew Plosser and Philipp Schnabl, et al., "The Role of Technology in Mortgage Lending", *The Review of Financial Studies*, 2019, 32(5).
② 参见余进韬:《数字金融的经济增长效应及其机制研究》,四川大学西方经济学专业博士学位论文,2023。
③ 黄益平:《中国数字金融能否持续领先?》,《清华金融评论》2018年第11期。
④ 谢平、邹传伟:《互联网金融模式研究》,《金融研究》2012年第12期。
⑤ 黄益平、黄卓:《中国的数字金融发展:现在与未来》,《经济学(季刊)》2018年第4期;张勋、万广华、张佳佳等:《数字经济、普惠金融与包容性增长》,《经济研究》2019年第8期;郭峰、王靖一、王芳等:《测度中国数字普惠金融发展:指数编制与空间特征》,《经济学(季刊)》2020年第4期。

的上升,特别是对于低密度的偏远区域,当增设服务点带来的收入增长无法覆盖其支出成本时,原有金融服务的供给会遭受阻碍。但数字金融凭借其特有的数字化技术替代了相当比重的地域网点与人力投入,同时极大降低了服务新用户的边际成本,从而在整体上减少了原有金融机构的开支。

另一方面,由于市场中的信息不对称与金融行业对于风险控制的高要求等因素,传统金融机构所供给的产品与服务均存在推广宣传效率低下、交易流程烦琐等弊端,这在很大程度上造成了金融业务成本过重的问题。当前,我们可以利用先进科创技术着力解决传统行业不得不面对的痛点,例如,利用大数据技术多维度地分析用户的数据信息,准确识别使用者需求,并进行精准营销,这大大缩短了金融服务供求两端的搜寻和匹配时间,减少金融机构拓展新客户的成本,从而提高了金融服务的效率,降低获客成本,实现传统金融转化为数字金融所形成的商业可持续性。[1]

(二) 覆盖宽度更大

考虑到成本与效益,金融机构通常选择在人口稠密与经济发达地区投放资源,而忽略人口密度较低、地理位置偏远和经济欠发达的地区。相较而言,数字金融依靠互联网和移动信息等数字技术,通过覆盖广泛的技术通信设施,突破了传统金融机构在布局方面的地域限制,因而在极大程度上帮助居民获取跨越空间的无差别金融服务与产品,县级、村庄、社区各层面的数字金融领域均取得根本性发展。[2]

(三) 服务对象更广

数字金融不单具有实现服务对象普及化的普惠金融的目标,而且还实现了相应的技术作为保障与支持。乌比娜提(Urbinati)指出,数字技术的灵活性可以更好满足当前的服务对象。[3] 例如,大数据技术可以使受到传统金融机构信用评

---

[1] 中关村互联网金融研究院:《中国金融科技和数字普惠金融发展报告》(2022 年 12 月 15 日),微信,https://mp.weixin.qq.com/s?_biz=MjM5ODI0MTI2Ng==&mid=2650541765&idx=1&sn=d7a7bfa56dfc16c6cbed597dffe13778&chksm=bec5185889b2914eeaf57c9e464a426d806cb5154898eb30fd9edec47f5f0a57269494f0cf9e&scene=27,最后浏览日期:2024 年 7 月 4 日。

[2] 同上。

[3] Andrea Urbinati, Davide Chiaroni and Vittorio Chiesa, et al., "The Role of Digital Technologies in Open Innovation Processes: An Exploratory Multiple Case Study Analysis", *R&D Management*, 2020, 50(1).

估阈值限制的低收入群体与中小型企业满足获得金融服务的要求,帮助他们顺利实现信贷、投资与融资等金融活动。此外,伴随着新技术的发展,线上信用平台、众筹平台等新型业务形态已经出现,它们在一定程度上拓宽了普通用户和各类金融资本参与金融活动的渠道与机会。①

(四)金融模式创新

数字金融创新的落脚点在于金融模式和业态创新,金融科技是手段,服务实体经济是内核。实践中,诸如数字银行、数字支付、数字供应链金融、数字普惠金融、数字保险等都可看作是金融机构实现数字金融创新的切入点。除了金融机构,一些互联网科技企业也成为数字金融的参与者或推动者。有的互联网科技企业在自身的数字生态体系如社交、电商或搜索等基础上,积累了大量数据与潜在客户,从而进行一些线上消费金融的实践;也有一些金融科技公司通过自身科技能力助力产业互联,帮助企业提高数字化水平,为其提供运营效率、技术支持等解决方案,并以此来推动金融创新,为实体经济提供更加丰富多元的创新产品和服务。②

(五)监管科技实践加强

利用监管科技来填补监管"真空地带"、提升金融监管能效、促进金融科技健康发展,已经成为世界各国金融机构和金融监管层防范金融风险、保障金融安全的重要手段和途径。监管部门积极运用大数据、人工智能、云计算、区块链等技术加强数字监管能力建设,不断增强金融风险技防能力,加强跨市场跨业态跨区域金融风险识别、预警和处置。③

(六)金融服务更加普惠化

传统金融服务通常需要人们到银行柜办理业务,对于一些偏远或者没有银行网点的地方来说,金融服务的获得变得困难。而数字金融通过互联网和移动通信技术,使得金融服务可以覆盖到更多的人群,提高了金融服务的普及性。④

---

① 中关村互联网金融研究院:《中国金融科技和数字普惠金融发展报告》(2022 年 12 月 15 日),微信,https://mp.weixin.qq.com/s?__biz=MjM5ODI0MTI2Ng==&mid=2650541765&idx=1&sn=d7a7bfa56dfc16c6cbed597dffe13778&chksm=bec5185889b2914eeaf57c9e464a426d806cb5154898eb30fd9edec47f5f0a57269494f0cf9e&scene=27,最后浏览日期:2024 年 7 月 4 日。
② 胡萍:《数字金融呈现三大特点》,《金融时报》2021 年 9 月 6 日第 7 版。
③ 同上。
④ 孙华:《手机银行对农村金融问题解决的意义探讨》,《经营者》2016 年第 1 期。

第二节 数字金融的测度方法

首先,就现存文献而言,受限于数据可得性,除了网络借贷领域因为微观数据的存在可能进行些许实证研究外[①],对数字金融整体的考察往往限于理论阐述与政策分析上,鲜有学者开展关于数字化金融发展指标的量化研究以及对数字金融价值与影响等方面的机制探索。其次,数字金融发展指数的量化标准尚未统一,且大多数专家基于数据的可得性从传统银行、保险、证券公司等机构的地理分布特征对该指标进行构建。[②] 实际上,伴随着云计算、物联网、大数据、智能投顾和供应链等技术的不断深入,数字技术的金融场景化应用进一步扩展了传统金融的地理渗透性以及客户触达能力,即原有的金融构建体系已经不能准确反映包括网络投资理财、网络贷款、互联网保险和大数据信用在内的新型数字互联网金融的全部内容。通过相关文献的梳理,我们不难发现,当下关于"数字金融"较权威性的指标测度当属北京大学数字金融研究中心公布的相关指标数据,该指标之所以被命名为数字普惠金融指数,主要是因为该指标基于"数字化"角度综合考量了金融的发展水平,是当下该领域兼具科学性、合理性等优点的数字金融代理指标。此外,当下的数字普惠金融的编制也从数字金融的地理渗透性、被需求程度以及数字技术的结合度等三个层面通过层次分析法(Analytic Hierarchy Process,AHP)编制数字普惠金融指数,而这三个维度之下又各自包含了多个具体指标。最后,就不同级别、各个维度的指标整合而言,其所需的权重设定具有一定的科学依据,并能够适应调整和变化。[③]

刘军等构建了中国分省份数字经济评价指标体系,测度了 2015—2018 年

---

① 黄益平:《中国数字金融能否持续领先?》,《清华金融评论》2018 年第 11 期;朱家祥、沈艳、邹欣:《网络借贷:普惠?普骗?与监管科技》,《经济学(季刊)》2018 年第 4 期。
② 陈银娥、孙琼、徐文赟:《中国普惠金融发展的分布动态与空间趋同研究》,《金融经济学研究》2015 年第 6 期;焦瑾璞、黄亭亭、汪天都等:《中国普惠金融发展进程及实证研究》,《上海金融》2015 年第 4 期。
③ 参见聂秀华:《数字金融对区域技术创新水平的驱动效应研究》,对外经济贸易大学金融学专业博士论文,2023 年。

中国30个省份数字经济发展水平。① 赵涛等构建指标衡量了城市层面数字金融发展水平。② 基于此,许和连等根据企业与银行网点的经纬度构建最短银企距离,从地理分布特征评估数字普惠金融的触达能力,分析金融机构网点扩张、推行普惠试点等制度对企业行为的影响。③ 但是,限于数据获取的有限性和客户个人信息的保护,以上两种度量指标仍然难以获取网络渠道投融资、理财与保险购买等方面的精准数据。关于数字金融的测度方法,未来仍存在探讨的空间。④

第三节 数字金融与传统金融的区别与联系

一、区别⑤

(一) 定位不同

数字金融主要聚焦于传统金融服务不到的或者是重视不够的长尾客户,利用信息技术革命带来的规模效应和较低的边际成本,使长尾客户在小额交易、细分市场等领域能够获得有效的金融服务。目前数字金融与传统金融的客户交叉还比较少,但是未来相向而行、交叉渗透的情形一定会逐渐增加。

(二) 驱动因素不同

传统金融是过程驱动的,注重与客户面对面的直接沟通,在此过程中搜集信息、建立管控风险、交付服务,数字金融是数据驱动需求,客户的各种结构化的信息都可以成为营销的来源和风控的依据。

---

① 刘军、杨渊鋆、张三峰:《中国数字经济测度与驱动因素研究》,《上海经济研究》2020年第6期。
② 赵涛、张智、梁上坤:《数字经济、创业活跃度与高质量发展——来自中国城市的经验证据》,《管理世界》2020年第10期。
③ 许和连、金友森、王海成:《银企距离与出口贸易转型升级》,《经济研究》2020年第11期。
④ 参见马文婷:《数字金融、企业杠杆率与债务违约风险研究》,对外经济贸易大学金融学专业博士论文,2022年。
⑤ 《传统金融,互联网金融与传统金融的区别是什么》(2023年4月27日),52信用库,http://www.52xyk.com.cn/zcfg/ycwd/67999.html,最后浏览日期:2024年7月4日。

(三) 模式不同

传统金融机构与数字金融机构都在积极地运用互联网的技术,但是模式设计上是有差别的。前者具有深厚的实体服务的基础,线下向线上进行拓展,努力把原有的基础更充分地利用起来,提升服务的便捷度。而数字金融多数是以线上服务为主,同时也注重从线上向线下进行拓展,利用便捷的服务手段,努力把业务做深和做实。

(四) 治理机制不同

传统金融机构受到较为严格的监管,需要担保抵押登记、贷后管理等治理机制,数字金融企业的市场化程度更高,通过制定透明的规则,建立公众监督的机制来赢得信任,不需要担保和抵押。这种机制的治理成本较低,但缺乏统一的监管体系和规范的业务标准。

(五) 优势不同

传统金融机构具有资金、资本、风险管理、客户与网点方面的显著优势,资本实力雄厚,风险管理体系成熟,网点服务也是互联网在很多情况下所无法替代的。数字金融企业则具有获客渠道不同,客户体验好,业务推广快,边际成本低,规模效益显著等优势。

二、联系

(一) 数字金融发展加剧了传统金融机构的竞争

数字金融的发展增强了金融可得性。网络和智能手机的发展使金融产品的种类更加丰富,极大地拓展了消费者的选择空间,尤其是迎合中青年群体的使用偏好,这无疑增加了传统金融机构的竞争难度,使市场更有效率。加洛韦(Galloway)研究发现:互联网金融平台可以直接连接借款人和贷款人,贷款人可以方便地基于借款人的历史信息和信用评分制定贷款利率。[①] 从营利性来讲,可以为无法获得传统信贷资源的客户提供无担保贷款,并且可以共享信用评分的信息,从而在撮合成交和利率定价方面拥有传统金融机构无法比拟的优势,进而

---

① Ian Galloway, "Peer-to-peer Lending and Community Development Finance", *Community Investments*, 2009, 21(3).

迅速获取客户,扩大市场份额,给传统金融机构带来了极大的竞争。商业银行、保险、证券等金融机构迫于压力,陆续推出普惠金融试点,采取设立社区分支机构、加大自助设备投放数量等方式应对市场竞争。王喆等的研究表明:传统金融供给可以助力数字金融的发展,二者是相互促进的关系,传统金融供给对数字金融发展具有显著的正向影响。[1] 同时,数字金融也能够通过技术溢出效应提升银行的全要素生产率。[2]

(二) 数字金融助力传统金融数字化转型[3]

数字金融的发展在给中国传统商业银行带来巨大竞争压力的同时也推动了传统金融机构变革,提升了银行等传统金融机构效率。加洛韦研究发现,数字金融平台在撮合成交和利率定价方面具有传统金融机构无可比拟的效率优势,数字金融的发展不可避免地收割了部分传统商业银行的盈利份额,商业银行迫于压力开始研究互联网金融的盈利模式并因地制宜地制定学习方案,或是先进的技术支持手段,或是更为突出的经营模式,商业银行在示范与学习效应下,脱胎换骨,优胜劣汰,最终使得其技术与服务效率都得到了质的提高。[4]

(三) 数字金融改变了传统金融机构和客户的风险偏好[5]

相较于传统金融机构,数字金融门槛低、放款快、审批流程高效,借助于大数据分析,可以获得信息优势,降低风险厌恶偏好。金融行业是经营风险和杠杆的行业,风险厌恶程度的下降可以有效拓宽业务范围和客户数量。郭丽虹和朱柯达研究发现:金融科技降低了普惠贷款带来的风险,能够有效提升银行的经营业绩,尤其是在小微企业普惠贷款方面作用明显。[6] 因此,数字金融发展降低了传

---

[1] 王喆、陈胤默、张明:《传统金融供给与数字金融发展:补充还是替代?——基于地区制度差异视角》,《经济管理》2021年第5期。
[2] 沈悦、郭品:《互联网金融、技术溢出与商业银行全要素生产率》,《金融研究》2015年第3期。
[3] 参见聂秀华:《数字金融对区域技术创新水平的驱动效应研究》,对外经济贸易大学金融学专业博士论文,2023年。
[4] Ian Galloway, "Peer-to-peer Lending and Community Development Finance", *Community Investments*, 2009, 21(3).
[5] 参见马文婷:《数字金融、企业杠杆率与债务违约风险研究》,对外经济贸易大学金融学专业博士论文,2022年。
[6] 郭丽虹、朱柯达:《金融科技、银行风险与经营业绩——基于普惠金融的视角》,《国际金融研究》2021年第7期。

统金融机构的风险厌恶程度,提升了银行发放普惠贷款的意愿。并且随着分支行与总行之间地理距离的增加,金融科技可以有效提升远距离分支行普惠贷款经营表现和风控能力,发挥积极的调节作用。从客户的角度来看,数字金融大大扩展了其信贷资源的可得性,增加了金融产品和服务选择的多样性,改变了客户的风险偏好程度。但网络信贷平台的迅猛发展也带来一定的信任危机:尤其是多家 P2P 平台相继暴雷跑路,消费者对网络平台的存续时间和资金安全性多有担忧。此时,网络平台高管如果有银行工作经历,便会作为一个信号吸引风险投资者对 P2P 平台进行投资,从而提高平台的存活概率和存续时间。[①] 这也从高管工作经历的视角证明了传统金融机构从业背景有利于投资者建立信任,降低风险厌恶程度,增加数字金融平台的投资。

(四) 数字金融拓宽了传统金融体系的业务范围[②]

数字金融主要从服务的地域和客户两方面拓宽了传统金融的业务范围。在服务地域方面,主要是缩小了城乡金融服务的差距,根据蔡宏宇和阳超的研究,数字普惠金融降低了融资交易成本,破解了金融排斥,缩小了城乡差距,有效降低了农村地区的相对贫困水平。[③] 但现阶段数字普惠金融只能够有效地降低东部地区农村的相对贫困水平,而在中西部地区,这种效应并不明显。中国应因地制宜改进和提升数字普惠金融服务、提高各类微弱经济体信贷可得性、增强金融赋能的精准性和有效性。在服务客户方面,数字金融发展使用户对传统商业银行信贷供给的依赖程度降低。[④] 其作用机制有二:一是金融科技发展有利于识别小微企业的信贷需求,控制信贷供给的成本;二是金融科技有助于缓解信息不对称,提高风险管理能力。因此,针对整个金融体系,数字金融发展有助于促进小微企业信贷供给,改善中小企业融资难、融资贵的困境。

---

① 吴卫星、付志强:《P2P 高管团队银行工作经历与平台存续》,《数理统计与管理》2021 年第 3 期。
② 参见马文婷:《数字金融、企业杠杆率与债务违约风险研究》,对外经济贸易大学金融学专业博士论文,2022 年。
③ 蔡宏宇、阳超:《数字普惠金融、信贷可得性与中国相对贫困减缓》,《财经理论与实践》2021 年第 4 期。
④ 盛天翔、范从来:《金融科技、最优银行业市场结构与小微企业信贷供给》,《金融研究》2020 年第 6 期。

第四节 数字金融的经济效应[①]

一、增加居民消费

数字金融的发展有利于提升居民的消费能力,从而促进经济增长。在数字金融与居民消费方面,第一,数字金融能降低传统金融服务的交易成本,提高交易效率,提高居民消费力。曾(Zeng)和赖纳茨(Reinartz)认为数字金融改变了传统商业模式中面对面的交易模式。[②] 第二,数字金融有助于缓解金融约束和金融系统的金融排斥现象。张勋等人认为,不同于银行等传统金融机构,数字金融能够满足低收入群体和农村居民这部分游离在传统金融服务体系边缘的人群的需求,这在很大程度上提高了我国相对落后地区金融服务的可得性和便利性。[③] 而这在另一方面又能够提高支付效率,促进农村地区的消费支出。在居民消费与经济增长方面,消费促进经济增长的本质,就是使市场里拥有更多的财富。因此,数字金融可以提高交易效率与降低交易成本,增加信贷需求,从而进一步满足居民日常消费的资金支持,而居民消费进一步促进社会生产力发展需要进而促进经济增长。

二、减少城乡收入差距

数字金融有利于减少城乡收入差距,从而促进经济增长。第一,数字金融能降低金融服务成本,提升金融服务触达能力。宋晓玲发现数字金融能降低传统金融的服务门槛,降低金融服务成本,提升金融服务触达能力,增强风险控制能

---

① 《我国数字普惠金融对经济增长的作用有哪些?》(2022年11月29日),雨棠财经,https://www.baidu.com/link?url=32tDKy3cwPMRCySSXvytSfjnIr3ZL1bbhDZ8LodfwZPdXGSG7qr29y5k-x3XPmvNHjr5TU1_zWDp9U3L_rmpcyAuoryPKE3xu2NEqgC4Cj_&wd=&eqid=c2e88e1f0018b3cc0000000364d641b2,最后浏览日期:2024年7月4日。
② Ming Zeng and Werner Reinartz, "Beyond Online Search: The Road to Profitability", *California Management Review*, 2003, 45(2).
③ 张勋、万广华、吴海涛:《缩小数字鸿沟:中国特色数字金融发展》,《中国社会科学》2021年第8期。

力以及能服务低成本、服务长尾客户进而缩小城乡收入差距。① 第二,数字金融能降低信息不对称。张贺和白钦先基于中国省级数据的实证观察,数字金融能通过降低信息不对称,引导居民消费,从而有效收敛城乡收入差距。② 此外,李牧辰和封思贤也认为数字金融能够突破空间和时间两方面的限制,极大地改善了信息不对称的情况,进而通过提高就业率、缓解金融约束等机制显著缩小了城乡收入差异。③ 传统的经济理论认为城乡收入差距的缩小,有助于经济增长,而缩小城乡收入差距正是数字金融相比于传统金融的优势所在。总而言之,由于数字金融能降低金融服务成本,提升金融服务触达能力,降低信息不对称性等,能够使得人们共享金融资源,能服务低成本、服务长尾客户,而改善城乡收入差距,最终有利于促进社会消费,促进经济增长。

三、促进产业结构升级

数字金融可以通过促进产业结构升级来促进经济增长。第一,数字金融能降低企业外部融资成本,进而影响产业的发展与技术的进步。第二,数字金融能够利用计算机技术的优势从而快速准确地匹配供给端和需求端,及时有效地为产业的发展提供必需的金融服务。此外,唐文进等认为数字金融可以通过提升资源配置,促进技术进步等正向传导机制和"使命漂移"效应来影响产业结构升级。④ 因此,数字金融具有提高企业资源配置能力、降低融资成本等优势,可以助推产业结构转型升级,进而改善消费结构,合理化资源配置等,实现经济增长。

四、促进技术创新

数字金融可以通过促进技术创新来促进经济增长。第一,数字金融能缓解融资约束问题,提供资金支持。梁榜和张建华、杨君等认为数字金融作为新金融

---

① 宋晓玲:《"互联网+"普惠金融是否影响城乡收入均衡增长?——基于中国省际面板数据的经验分析》,《财经问题研究》2017年第7期。
② 张贺、白钦先:《数字普惠金融减小了城乡收入差距吗?——基于中国省级数据的面板门槛回归分析》,《经济问题探索》2018年第10期。
③ 李牧辰、封思贤:《数字普惠金融、数字门槛与城乡收入差距》,《管理评论》2023年第6期。
④ 唐文进、李爽、陶云清:《数字普惠金融发展与产业结构升级——来自283个城市的经验证据》,《广东财经大学学报》2019年第6期。

模式的代表,为解决中小企业融资问题和创新发展提供了新机遇。[①] 陈利等发现政府补助和数字金融均显著促进了企业的创新投入。其中,数字金融在促进企业创新过程中起到替代政府补贴的作用。[②]

五、促进地区创业

数字金融可以通过促进地区创业来促进经济增长。第一,数字金融促进生产性服务业发展,调整地区产业结构,提升基础设施建设水平,进而改善居民创业条件。第二,数字金融能缓解信贷约束。冯永琦和蔡嘉慧发现无论是全国范围还是东、中、西部各个区域,数字金融可以通过缓解居民的信贷约束从而显著地提升创业水平。[③] 创业企业由于其创新性与创造作用会增加研发投入和吸引人力资本,促进创新,从而间接促进经济增长。高质量创业的技术优势与管理效率改善可以增加企业在同行业中的市场竞争力,以抵御经济波动风险,实现稳定增长。

思考题

1. 数字金融的含义与特征是什么?
2. 数字金融与传统金融有哪些区别与联系?
3. 数字金融为经济发展带来哪些影响?

---

① 梁榜、张建华:《中国普惠金融创新能否缓解中小企业的融资约束》,《中国科技论坛》2018 年第 11 期;杨君、肖明月、吕品:《数字普惠金融促进了小微企业技术创新吗?——基于中国小微企业调查(CMES)数据的实证研究》,《中南财经政法大学学报》2021 年第 4 期。
② 陈利、王天鹏、吴玉梅等:《政府补助、数字普惠金融与企业创新——基于信息制造类上市公司的实证分析》,《当代经济研究》2022 年第 1 期。
③ 冯永琦、蔡嘉慧:《数字普惠金融能促进创业水平吗?——基于省际数据和产业结构异质性的分析》,《当代经济科学》2021 年第 1 期。

第十章

数字贸易

本章学习要点

1. 了解数字贸易的含义;
2. 理解数字贸易的特征;
3. 理解数字贸易的理论基础;
4. 掌握数字贸易的经济效应。

在过去的30年里,数字技术通过支持数字市场和平台的发展,对商品、服务和信息的购买、销售和交换方式产生了重大影响。现在,越来越多的跨境贸易本质上是数字化的,数字贸易在全球范围内不断增长。未来,这一趋势可能会继续下去。人们在参与数字贸易的同时,应重点考虑以下问题:

(1) 什么是数字贸易?
(2) 数字贸易的过程是怎么样的?
(3) 数字贸易和传统贸易有哪些区别和联系?
(4) 发展数字贸易会带来哪些经济效应?

第一节 数字贸易的含义与特征

由于数字技术仍处于快速发展中,数字贸易的应用场景、业态与模式还在不断演进,人们对数字贸易的理解与认识也随之不断变化。例如,美国国际贸易委员会(United States International Trade Commission，USITC)在其2013年7月发布的《美国和全球经济中的数字贸易Ⅰ》中，首次正式提出了数字贸易概念，并将其界定为"在国内、国际贸易中，通过固定线路或无线数字网络提供产品或服务的商业活动"。该定义强调数字交付这一要件，从而排除了实体货物。但其在2014年8月发布的报告《美国和全球经济中的数字贸易Ⅱ》中，又将数字贸易定义为"互联网和基于互联网的技术在订货、生产或提交产品和服务环节起到显著作用的美国国内商务和国际贸易"，从而大大扩展了数字贸易的范围。而2017年8月美国国际贸易委员会发布的《全球数字贸易的市场机会与外国贸易限制》将数字贸易定义为"任意产业部门的企业通过互联网及智能手机、网络连接传感器等相关设备交付产品和服务。包括电子商务平台和相关服务的提供，但不包括在线订购的实物商品的销售价值，以及具有数字对应物的实物商品(如以CD或DVD形式出售的书籍、电影、音乐和软件)"。

一、数字贸易的含义

目前，从全球范围来看，尚无对数字贸易统一的权威定义，不同国家及国际组织对数字贸易的理解并不完全一致。总体而言，美国、日本和欧盟等采用了狭义的定义，经济合作与发展组织、世界贸易组织(World Trade Organization，WTO)以及联合国贸易和发展会议(UN Trade and Development，UNCTAD)等国际组织则采用广义的定义。本章所述数字贸易，主要指广义的数字贸易。

(一) 狭义的数字贸易

狭义的数字贸易是指通过数字交付的跨境贸易。狭义的数字贸易并不包括通过电子商务平台在线订购的实物以及可数字化的实物交易。

根据2017年美国国际贸易委员会对数字贸易的界定，数字贸易产品与服务包括互联网基础设施与网络通信，云计算服务，数字内容、搜索与信息，电子商务、数字支付与记录，数字技术的工业应用，消费者通讯服务与连接设备六大类。日本经济产业省发布的2018版《通商白皮书》认为，数字贸易是通过互联网技术向消费者提供商品、服务与信息的商务活动，包括跨境电子商务、通过互联网提供的产品和服务(如线上教育)、企业间的跨境数据交易等。2015年5月，欧盟委员会(European Commission，EC)发布的《数字化单一市场战略》指出，数字贸易是利用数字技术向个人和企业提供数字产品和服务。可见，西方主要发达国家对数字贸易的具体表述虽有所差异，但都采用了窄口径的定义，将数字贸易限定在数字交付的范围内，排除了数字订购的实物交易。此外，美国国际贸易委员会界定的数字贸易，包含了同一关境内交易主体间通过数字交付的产品与服务贸易。

(二) 广义的数字贸易

广义的数字贸易是指通过数字订购和(或)数字支付开展的跨境交易。除了包括数字交付的可数字化产品与服务的交易外，还包括通过互联网订购、线下交付的交易。

在2017年3月发布的《测度数字贸易：走向一个概念框架》中，经济合作与发展组织尝试性地提出了数字贸易的类型学，从贸易属性、交易对象和涉及的参与者三个维度对数字贸易进行拆解，以便人们更好地理解数字贸易。根据交易方式，经济合作与发展组织将数字贸易分为三种类型：数字订购型(digitally ordered)、平台赋能型(platform enabled)和数字交付型(digitally delivered)。其中，数字订购贸易是指直接通过专门用于接收或下订单的计算机网络进行的商品或服务交易，其支付环节及货物或服务的交付通过线上或线下完成均可；数字平台赋能贸易是指通过中介平台间接进行的商业交易，中介平台为供应商提供设施和服务，但不直接销售商品；数字交付贸易是指直接通过信息及通信技术网络远程提供服务产品，包括可下载的软件、电子书、电子游戏、流媒体视频、数据服务等，但不包括有形货物的交付。

2020年3月，经济合作与发展组织、世界贸易组织和国际货币基金组织(International Monetary Fund，IMF)联合发布了《数字贸易测量手册(第1版)》，认为数字贸易是"所有以数字方式订购和(或)以数字方式交付的国际贸易"。通过将交易性质确定为数字贸易的决定性特征，这一统计定义反映了数字贸易的多维特征，并承认数字订购贸易和数字交付贸易之间可能存在重叠。该手册进一步将数字订购贸易定义为：通过计算机网络，采用专门为接收或下达订单而设计的方法进行的商品或服务的国际销售或购买。而数字交付贸易被定义为：利用专门设计的计算机网络，以电子形式远程交付的国际交易。这意味着，数字订购和数字交付的交易涵盖通过计算机网络(网络或互联网,包括通过移动设备、外联网或电子数据交换)进行的订购或交付,但不包括任何不是通过计算机网络提供或订购的服务,包括通过电话、传真或手动输入的电子邮件。

2023年经济合作与发展组织、世界贸易组织、国际货币基金组织和联合国联合发布的《数字贸易测量手册》(第2版),基本延续了《数字贸易测量手册》(第1版)对数字贸易的定义。在保持基本概念框架不变的情况下,《数字贸易测量手册》第2版对第1版中引入的概念和定义,以及如何操作这些概念和定义的指导原则进行了澄清。在第2版中,数字订购贸易的概念与第1版中数字订购贸易的概念一致,而数字交付贸易则被定义为"通过计算机网络远程交付的所有国际贸易交易"。数字交付贸易的这一定义比手册第一版的定义更广泛,因为它涵盖了任何形式的数字交付,而不仅仅是"专门为提供服务而设计的"交付方法。如图10-1所示。

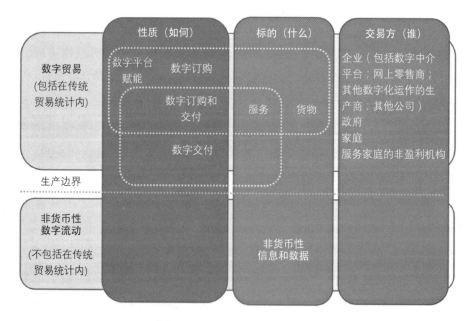

图10-1 数字贸易的概念框架

资料来源:OECD、WTO、IMF和UN(2023),改编自OECD、WTO和IMF(2020)。

注:该概念框架与经合组织编制《数字贸易测量手册》中提出的概念一致。参与者进行的数字交易可以包括数字订购和(或)数字交付的交易(属性),也可以包括商品和服务(产品)。

二、数字贸易与电子商务之间的关系

根据世贸组织《电子商务界定工作计划》(1998),电子商务指"以电子方式生产、分销、营销、销售或交付货物及服务"。经济合作与发展组织将电子商务定义为"在计算机网络上以专门为接受或下订单而设计的方法进行的商品或服务的销售或购买"。根据业务的地域范围划分,经济合作与发展组织定义的电子商务又包括国内电子商务和国际电子商务。其中,国内电子商务指在计算机网络上以专门为接受或下订单而设计的方法进行的商品或服务的国内销售或购买;国际电子商务指通过计算机网络,采用专门为接收或下达订单而设计的方法进行的商品或服务的国际销售或购买。

数字贸易在很多方面与电子商务非常相似,涉及利用互联网以电子方式进行业务,并在可能的情况下推广无纸化交易。数字贸易是所有以数字方式订购和(或)以数字方式交付的国际贸易,包括数字订购贸易和数字交付贸易。其中,数字订购贸易等同于国际电子商务,是通过计算机网络,采用专门为接收或下达订单而设计的方法进行的商品或服务的国际销售或购买。数字订购贸易和数字交付贸易之间存在重叠,即以数字方式订购并以数字方式交付的国际贸易部分。图10-2反映了电子商务、数字贸易及其组成部分之间的关系。

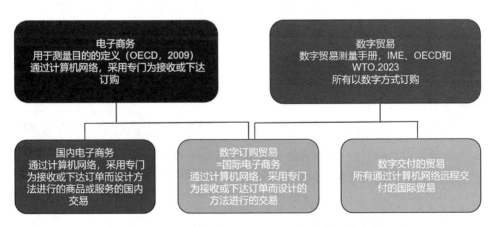

图10-2 数字贸易和电子商务——基本概念和统计定义

资料来源:《数字贸易测量手册(第二版)》。

三、数字贸易的特征

与传统贸易相比,数字贸易的贸易本质、贸易动因和贸易利得并未改变,但在贸易模式的决定因素、贸易主体和贸易标的等方面均表现出一些新的特征。

(一)贸易模式决定因素的作用发生变化

在数字贸易时代,传统比较优势来源的相对重要性发生了变化,数字基础设施和数据流动监管成为贸易模式新的决定因素。数字技术通过改变贸易模式基本决定因素的相对重要性,并建立新的决定因素,来影响贸易模式。传统上,贸易流量由国家间劳动力和资本禀赋、相对生产率、地理位置、基础设施或制度因素差异决定。由于工业机器人会影响可得的劳动力供应,贸易的数字化降低地理和基础设施的重要性,新技术有可能扭转现有的贸易模式。

在数字贸易时代,传统的比较优势决定因素在贸易模式中的作用发生了改变:拥有大量高技术劳动力和资本的国家可能在某些数字密集型行业中表现出比较优势,先进的人工智能、增材制造和机器人技术甚至可能将劳动力禀赋排除在贸易模式的决定因素之外;支持数字技术所需的服务器群依赖于消耗大量能源的存储设备、电源和冷却系统,能源基础设施在数字密集型部门的比较优势中的作用可能会增强;由于数字密集型行业存在非凡的规模经济和范围经济,市场规模是数字时代比较优势的重要来源;随着产品越来越多地以数字化方式供应,全球价值链可能变得更短,贸易对公路、铁路、港口或机场等传统基础设施的依赖将减弱;数据隐私或知识产权法规依赖于可信的执行,法规的有效性将最终取决于一国法律机构的实力,贸易的数字化将放大制度因素对比较优势的重要性。

此外,数字技术还创造了贸易模式新的决定因素。例如,数字基础设施将日益成为数字贸易的核心,对数据流动的监管将变得更加重要。隐私、个人资料保护和网页内容限制政策将在这方面发挥重要作用。

(二)贸易主体多元化趋势增强

在贸易主体方面,数字技术为中小微企业和发展中国家提供了参与贸易的新机遇。在传统贸易中,由于贸易中固定成本的存在,规模经济效应明显,贸易主体以大型跨国企业为主。而在数字贸易时代,距离对贸易的影响及信息成本大幅下降,贸易门槛大幅降低,互联网平台的发展也使中小企业可以接触到更加广阔的市场,获得了更多参与贸易的能力。因而,许多具有创新能力和生产率的小企业能够成为成功的国际贸易者。

区块链等技术可以规避贸易中介,降低对合同执行制度的需求;数字技术提供的标准化信息,可以降低信任和声誉在网络交易中的重要性。[1] 这些都有利于促进发展中国家数字化产品的出口。另外,数字技术会放大规模经济和范围经济效益,大的发展中国家可能成为主要受益者。

(三)服务贸易比重增加,贸易结构发生变化

在贸易标的方面,数字技术影响贸易的构成,增加服务贸易的比重,并促进特定类型的货物贸易。互联网语音、电子邮件和在线平台等数字技术降低了通信和交易成本,减少了对空间距离的要求,提高了服务的可贸易性,使越来越多的服务可以通过数字方式跨境提供。技术进步和跨境贸易能力的提高,也导致了服务贸易内部构成的重大变化。2005 年以来,增长最快的服务出口是可以通过信息通讯技术网络远程提供的数字赋能的服务,如电信、计算机和信息服务、其他商业服务和金融服务。

在货物贸易构成方面,产品能在多大程度上受益于贸易成本的降低,取决于贸易成本的结构和数字化导致的成本降低的程度。数字技术越来越多地使用,可能会带来传统上在运输、遵守法规、信息和交易方面成本较高的商品贸易,并提高时间敏感型商品、认证密集型商品和合同密集型商品在货物贸易中的比重。此外,可数字化产品的贸易可能继续下降。过去几十年来,数字化大大降低了复制、获取和传播文字、图像和音乐等创意作品的成本,导致体现作品的实体产品贸易量下降。书籍、报纸、录像带或 DVD 和音乐唱片或 CD 逐渐被电子书、新闻应用程序和内容媒体流或下载服务所取代。随着 3D 打印成本的降低,这种数字化趋势可能会扩展到新的商品类别。

---

[1] Tarun Kumar Agrawal, Jannis Angelis and Wajid Ali Khilji, et al., "Demonstration of a Blockchain-based Framework Using Smart Contracts for Supply Chain Collaboration", *International Journal of Production Research*, 2023, 61(5).

第二节　数字贸易的理论基础

技术进步带来了贸易成本的下降，国际贸易模式的演进随之发生。进而，也推进了国际贸易理论的发展，以解释贸易模式的变迁。近年来，数字技术的发展，促使国际贸易进入数字贸易阶段，并表现出一些新的特征，但其理论基础与基本分析框架并未发生根本性变化。

一、贸易模式的演进

在经济全球化浪潮中，国际贸易大致可被划分为三个发展阶段，它们分别是：传统贸易阶段、全球价值链（Global Value Chain，GVC）贸易阶段和数字贸易阶段。在每一阶段，贸易方式、贸易标的、驱动因素和主要贸易政策议题各有不同。如表 10-1 所示。

表 10-1　国际贸易不同发展阶段的特征、驱动因素和政策议题

贸易类型	特征	驱动因素	贸易政策议题
传统贸易	生产和消费跨国界分离； 成品贸易	运输成本的降低	市场准入
GVC 贸易	跨国界的工厂拆解； 中间产品和服务贸易； 随着任务的外包，服务的作用不断变化	运输和协调成本的降低	贸易投资服务知识联系； 贸易便利化，国内边境后非关税措施
数字贸易	生产、物流和消费的解绑，更多的传统贸易和全球价值链贸易；超级互联时代； 实物商品和数字服务的少量贸易改变服务的可贸易性； 商品和服务的捆绑	运输、协调和信息共享成本的降低； 数字化	数据流动； 数字连接； 互操作性

（一）传统贸易阶段

20世纪70年代之前为第一个阶段，也就是传统贸易阶段。蒸汽机、铁路、冷藏技术等运输技术的应用降低了运输成本，电报的应用降低了信息交流成本，使得越来越多的产品生产和消费得以跨国界分离（通常被称为"第一次松绑"）。消费者可以更广泛地从国外获得价格更有竞争力的新产品，国家间的最终品贸易得到空前发展。在此阶段，国际贸易主要涉及最终产品，主要贸易政策关注点是市场准入，以确保收获最终产品贸易的利益。

（二）GVC贸易阶段

20世纪70年代以来，进入第二个阶段，也就是GVC贸易阶段。得益于集装箱、多式联运、电气化等运输技术发展和卫星、光纤电缆等信息通讯技术的应用，运输和协调成本持续降低，使企业能够利用区位比较优势跨国界分割生产过程（也就是"第二次松绑"）。伴随跨国生产的碎片化，中间品贸易蓬勃发展，并逐渐占据主导地位。贸易政策变得更加复杂，越来越多地涉及贸易便利化和边境后问题，旨在减少价值链上的瓶颈。

（三）数字贸易阶段

当前，国际贸易已进入第三个阶段，也就是数字（赋能）贸易阶段。伴随数字技术的发展，运输、协调和信息共享成本不断降低，数字产品和服务不断涌现，产品和服务的界限越来越模糊。在超级互联互通的新时代，数字化产品（服务）贸易和越来越多的传统贸易或全球价值链贸易，都是通过不断增长的数字互联互通得以实现的，使企业能够以以前无法想象的方式进入国外市场。在数字贸易阶段，更多小型、低价值的一揽子实物商品以及数字服务进入贸易；商品越来越多地与服务捆绑在一起；新的、以前不可交易的服务正进行跨国交易。在此阶段，市场准入和边境后措施仍然是重要贸易政策议题，但与数据流监管、数字连通性和互操作性有关的贸易政策议题越来越受到关注。

二、国际贸易理论的发展

自亚当·斯密（Adam Smith）提出绝对优势理论以来，国际贸易理论的发展大致经历了古典贸易理论、新古典贸易理论、新贸易理论和新新贸易理论四个阶段。

(一) 古典贸易理论

作为古典贸易理论的杰出代表,亚当·斯密和大卫·李嘉图(David Ricardo)先后分别提出了绝对优势理论和比较优势理论,从生产技术水平差异的角度解释了国际分工和国际贸易产生的原因和利益。其中,亚当·斯密在其1776年出版的代表作《国民财富的性质和原因的研究》(简称《国富论》)中提出了绝对优势理论,认为各国应生产并出口自己具有绝对优势的产品,进口自己具有绝对劣势的产品,各国均可从中获益。然而,绝对优势理论却无法解释在各种产品生产上都处于劣势的国家参与国际分工与贸易的问题。为此,李嘉图在其1817年出版的《政治经济学和赋税原理》一书中提出了比较优势理论,为国际贸易分析作出了不朽的贡献。比较优势理论认为,决定国际贸易的不是绝对生产成本的差异,而是比较成本的差异。即使一国在所有产品的生产上都不具有绝对优势,但仍然可以出口其比较劣势较小(具有比较优势)的产品,进口其比较劣势较大的产品,并从中受益。李嘉图的比较优势理论,为贸易提供了新的基础。虽然并非所有国家都有绝对优势,但所有国家都有比较优势。

(二) 新古典贸易理论

古典贸易理论虽然从劳动生产率差异的角度解释了国际贸易产生的原因,却未能解释导致各国间劳动生产率差异的原因。伊·菲·赫克歇尔(Eli F. Heckscher)1919年的著作及其学生贝蒂·俄林(Bertil Ohlin)1933年的著作,沿用了李嘉图关于要素在一国之内可以流动、在各国间不能流动的假设,并保持了李嘉图所建立的一般均衡传统,但推翻了李嘉图关于单一要素和技术异质性的假设。以赫克歇尔和俄林提出的要素禀赋理论为代表的新古典国际贸易理论,从各国要素禀赋差异和不同产品要素密集度差异的角度,指出了比较成本差异产生的原因。根据要素禀赋理论,每个国家应该出口那些密集使用本国丰裕要素生产的产品,并进口那些密集使用本国稀缺要素生产的产品。20世纪初国际贸易的基本模式似乎与这一观点相一致。要素禀赋理论完美解释了土地资源丰富的阿根廷、澳大利亚、加拿大和美国出口土地密集型农产品,并进口劳动力资源丰富的英国和德国的劳动密集型制成品的现象。

(三) 新贸易理论

对不同发展水平国家间的产业间贸易现象,古典贸易理论和新古典贸易理论作出了较好的解释。然而,20世纪60年代以来,在国际贸易格局中发现了两种现象:发展水平相近的国家之间的贸易额更大[1],产业内贸易比行业间贸易更为常见。[2] 对此,古典贸易理论和新古典贸易理论未能作出有效解释。20世纪80年代开始,克鲁格曼(Krugman)和赫尔普曼(Helpman)等运用产业组织理论系统阐述了产业内分工和贸易问题,建立了以规模经济和产品差异为基础的垄断竞争国际贸易理论,也被称为新贸易理论。新贸易理论为上述两种现象提供了解释,解释了为什么相同国家之间的贸易可能最强,以及为什么它们可能交易看似相同的产品。虽然新贸易理论的垄断竞争假设与李嘉图的完全竞争假设不一致,但它又回到了对技术的关注,而且并不依赖于要素密集度的差异。假定劳动力是唯一的生产要素,但与李嘉图的外生国家技术假设不同的是,每个国家的每家企业都会内生自己的技术。

(四)新新贸易理论

传统的国际贸易理论强调比较优势是国际贸易的基础,解释了产业间贸易问题。新国际贸易理论则侧重于将规模收益递增和消费者对多样性的喜爱作为国际贸易的基础,解释了产业内贸易问题。这些理论文献的一个关键简化之处是假定每个行业内都有一家具有代表性的公司。20世纪80年代末开始,随着企业微观数据集的增加,人们逐渐发现,同一行业内的生产者在规模、生产率、资本和技能密集度以及工资方面存在着巨大差异。实证研究也开始发现企业的异质性与贸易参与存在系统性联系。伯纳德(Bernard)等表明,一个行业内通常只有少数企业出口[3];伯纳德等也发现,根据2002年美国制造业普查数据,美国制造业企业的总体出口份额仅为18%。[4] 微观企业出口数据对以往的贸易理论提出了挑战,促使人们提出关于企业异质性和国际贸易的最新理论。梅里兹(Melitz)

---

[1] See Staffan Burenstam Linder, *An Essay on Trade and Transformation*, Almqvist & Wiksell, 1961.
[2] Herbert Grubel and P. J. Lloyd, "The Empirical Measurement of Intra-Industry Trade", *Economic Record*, 1971, 47(120).
[3] Andrew B. Bernard, J. Bradford Jensen and Robert Z. Lawrence, "Exporters, Jobs, and Wages in US Manufacturing: 1976-1987", *Brookings Papers on Economic Activity. Microeconomics*, 1995 (1995).
[4] Andrew B. Bernard, J. Bradford Jensen and Stephen J. Redding, et al., "Firms in International Trade", *Journal of Economic Perspectives*, 2007, 21(3).

将企业异质性引入克鲁格曼的产业内贸易模型,成为分析一系列国际贸易问题的标准平台,标志着新新贸易理论的诞生。① 梅里兹的主要观点是,当贸易政策壁垒或运输成本下降时,高生产率的出口企业得以生存和扩张,而低生产率的非出口企业则萎缩或退出。② 这种经济活动在企业间的重新分配提高了总体生产率,而以往的国际贸易理论在很大程度上忽视了这一影响。

三、数字贸易的理论基础

当讨论数字贸易的基础时,不得不承认,似乎并非所有数字贸易都能完全用比较优势来解释。但总体而言,多数的数字贸易仍是以与比较优势理论大致相同的方式继续进行的。只是在数字贸易时代,比较优势的来源有所变化。

(一) 实物产品数字贸易

当实物产品以数字方式进行宣传、订购和(或)支付时,它们就成为数字贸易的一部分,尽管它们是以非数字方式交付给买方的。数字贸易中实物产品的生产地点的选择,需要考虑生产要素、技术和中间投入的成本等经济因素。因此,比较优势在该类产品的生产地点决定方面依然发挥作用。此外,数字经济在这种贸易形式中提供了除运输之外完成贸易所需的部分或全部服务,这类服务贸易也会反映出比较优势。例如,零售商亚马逊可能成为中国生产商和加拿大买家之间的服务提供商,从互联网技术和熟练劳动力丰富的美国提供服务。

(二) 数字化产品贸易

数字化产品是指音乐、文本、视频和计算机程序等可以数字形式存在并可通过计算机网络传输的产品。数字化产品基本上可以零成本复制,并以数字方式通过互联网交付给买方。然而,这并不意味着这类产品可以免受比较优势因素的影响。因为即使额外复制的边际成本为零,但原件的生产成本却取决于生产要素的价格和技术等因素,经济力量将促使这类产品在具有比较优势的地方生产。当然,复制数字化产品的边际成本为零,意味着数字化产品贸易并不能简单

---

① Marc J. Melitz, "The Impact of Trade on Intra-industry Reallocations and Aggregate Industry Productivity", *Econometrica*, 2003, 71(6).
② Ibid.

适用完全竞争的李嘉图假设。

(三) 远程提供的服务贸易

随着越来越多的服务通过计算机以数字方式提供，在远程地点提供服务已成为一种普遍现象，服务提供方的优势可能是工资低，也可能是专业知识更强。随着互联网的兴起，服务提供方可以通过电子邮件或其他纯数字方式接受任务并返回工作成果。互联网通信几乎是瞬时的，这意味着一些远程服务可以实时进行。例如，计算机技术人员可以远程控制客户的计算机，然后从远处对其进行诊断和维修；资本设备制造商，可以通过内置数字功能的数字信号传输来监测设备性能、诊断故障，甚至进行远程维修。这种服务的远程提供成本近乎为零，意味着服务成本几乎完全由服务来源地的劳动力和资本成本构成。一个国家只有在拥有熟练劳动力和适当资本的情况下，才能成为这种服务的出口国。因此，比较优势可以像解释李嘉图时代的实物贸易那样，解释这种远程提供的服务贸易。

(四) 云服务

全世界的企业和个人都可以购买云空间，并根据自己的需要使用存储在那里的软件，亚马逊等大公司在国内外都销售这种服务。云服务也是一种数字贸易，销售此类云服务的业务需要大量的人力和物力资本，而这些资本不必位于同一地点或同一国家。事实上，云服务器在运行和冷却时需要大量能源，这可能会支持将服务器设在能源相对丰裕的地方(这也是华为云的云服务器选择部署在贵州山区的重要原因)，而操作系统和与客户互动相关业务则设在人力资本相对丰裕的其他地方。

(五) 由广告支持的国际在线平台

提供免费内容并由广告支持的国际在线平台真正交易的是用户的注意力，平台通过内容"生产"用户的注意力，以换取向这些用户投放广告所需的报酬。由于这些平台通常以一个国家为基地，但为多个国家提供服务，因此它们与其他国家的广告商之间的交易属于数字贸易。运营这些平台的公司需要大量使用人力和物力资本，它们可能根据比较优势将公司设在人力和物力资本丰富的国家。然而，多数平台具有网络效应，网络效应主要取决于企业进入市场的时机以及最初能够服务的市场规模。如今互联网上最大的平台都位于美国和中国这两个大国,因为在这两个国家网络效应可以带来最大的利益。即使其他国家可能拥有更优越的技术等因素。

综上可见,在分析数字贸易的基础时,比较优势仍然是一个非常有用的工具。同时,在具体形式的数字贸易中,比较优势理论的解释力有所差异。

第三节 数字贸易的经济效应

数字技术的发展正以前所未有的方式影响着贸易,数字贸易可以降低交易成本、增加贸易产品种类,并深刻地影响着我们的日常生活。数字时代为发展中国家和中小微企业通过全球价值链等方式更好地参与国际贸易提供了机遇。技术进步是扩大国际贸易的重要推动力,但管理变革的能力同样重要。了解这些变化的深度和广度对于帮助各国政府获得这些技术带来的好处和应对可能出现的挑战至关重要。[①]

一、提高了市场效率,创造了贸易机会

数字贸易的发展降低了信息成本与交易费用,提高了市场效率,并为发展中国家和中小微企业提供了参与全球贸易的机会。在传统贸易模式下,由于有限的信息获取渠道和较高的信息成本,交易双方面临严重的信息不对称问题,并导致市场效率低下。数字贸易的发展大大降低了信息搜寻成本,使交易双方能够获得更加充分的市场信息,促进了市场效率的提高。通过数字贸易平台的交易信息系统,消费者可以获取卖方所提供货物与服务的客观信息,生产者则可以更及时、准确地掌握消费者需求信息,并有效提高了整个交易过程的信息透明度,使更多经济主体参与运输、支付等环节,促进了市场主体间的互动和生产要素更加高效的配置。

在传统贸易模式下,受制于落后的贸易基础设施和较高的信息与交易成本,

---

① See WTO, *The WTO Trade Facilitation Agreement*, 2018.

与发达国家和大型企业相比,发展中国家和中小微企业对国际贸易的参与程度较低。在数字贸易时代,随着获取信息和通信技术的机会不断增加,以移动互联网和数字平台为中心的开放生态系统,以及移动支付系统和金融服务,有能力支持包容性增长模式,为更多发展中国家和中小微企业参与全球贸易创造机会。借助数字交易平台,中小微企业在了解客户需求和竞争产品信息的基础上,可以更好地实施产品差异化策略,以此形成市场竞争力。诚然,要利用这些平台的国际潜力,需要大力投资和建设发展中国家的数字基础设施,并建立新的贸易制度来提高生态系统的开放性。

二、丰富了产品种类,提升了消费者福利

根据边际效用递减规律,在同等消费总支出条件下,消费者可以通过消费的多样化实现效用水平的提高。而贸易则可以丰富可供一国消费者消费的产品品种,进而提高消费者福利。在数字贸易模式下,消费者能够更加容易地接触到更多的产品信息,从而扩大了可贸易品的选择范围,并提高其福利水平。

第一,市场效率的提高和贸易机会的增多,使更多经济主体参与国际贸易,从而丰富了产品种类。在传统贸易模式下,相对高昂的信息与交易成本限制了发展中国家及中小微企业对国际贸易的参与度。数字贸易的发展通过降低信息和交易成本、完善交易平台,提高了发展中国家及中小微企业参与国际贸易的能力,也使消费者可以获得更多产品信息并选择消费更多国家和企业提供的产品。此外,信息的更加透明和市场竞争程度的提高,也激励企业不断创新产品以满足消费者的个性化需求,从而进一步丰富了可供选择的产品品种。

第二,数字贸易的发展,提高了服务的可贸易性,并丰富了产品形式。在传统贸易模式下,服务的可贸易性受到很大的限制,贸易标的以实物为主。随着数字技术的进步,数字贸易环境下进入贸易领域的服务规模和种类显著扩大。例如,信息技术及远程控制技术的进步,为远程医疗服务的发展提供了有力支撑。此外,在产品数字化趋势下,越来越多的传统贸易品开始拥有了数字形式,可供消费者进行选择。例如,现在消费者既可以选择购买纸质版书籍,也可以选择购买电子书。无论是更多的服务类别进入贸易,还是已有贸易品提供方式的多样

化,都拓展了消费者可消费的产品与服务的范围,提高了消费者福利。

第三,在数字贸易环境下,消费者可以获得更低的产品价格。信息与交易成本的下降和市场竞争的加剧,有力促进了产品价格的降低,减轻了消费者的成本负担。在消费总支出不变的情况下,消费者将能够购买并消费更多的商品,从而提高消费者福利。一方面,产品价格的下降得益于信息与交易成本的下降所带来的生产者转嫁到产品销售价格中的成本分担;另一方面,信息与交易成本的下降和市场效率的提高,也促使更多的经济主体参与国际贸易,迫使生产者降低销售价格以应对日益加剧的市场竞争。

三、改善了企业经营,创造了就业机会

在数字贸易环境下,通过大数据、云计算、物联网等数字技术的应用,企业经营得以改善。伴随全球价值链的分工的深化,协调成本不断增高,全球生产分工放缓。数字贸易环境下,数字技术的应用有利于降低价值链的组织和协调成本,并使全球价值链的组织和协调变得更加高效;通过利用云计算等数字技术,企业还可以外包计算机硬件和软件服务,并聚焦于核心业务提高企业效率;数字技术可以帮助企业实现任务和流程的自动化,从而减少人工干预并简化操作;数字技术还可以帮助企业及时掌握市场供需信息,高效调整生产经营活动,并进行价值链重塑,改善供应链管理,并增强客户服务;企业能够更加便捷地在全球范围内交流思想和协作,促进创新和技术进步以及新产品和服务的开发。

数字平台和在线市场的发展,为创造就业机会作出了贡献,尤其是在物流、数字营销和软件开发等与技术和电子商务相关的行业。数字贸易的发展将加快各行业的数字化转型,并促进服务贸易的增长,带动相关就业增长。服务出口在全球贸易中的比重越来越大,到2030年有望达到贸易总额的四分之一以上,服务业的地位日益重要。数字贸易的增长将为提供在线服务开辟新的机遇,促进出口多样化,提高制造业的效率和增长,改善金融部门的竞争,增加获取市场相关信息的机会,并扩大微型和中小型企业的市场准入。服务的跨境贸易性日益增强,为各国经济和个人带来了新的机遇。

 **思考题**

1. 什么是数字贸易?
2. 简述数字贸易的特征。
3. 简述数字贸易的经济效应。

第十一章

数字商务

本章学习要点

1. 了解数字商务的含义;
2. 了解数字商务的特征;
3. 了解数字商务应用的场景;
4. 掌握数字商务的经济效应。

2021年,商务部下发的《关于加快数字商务建设 服务构建新发展格局的通知》要求"深入贯彻党的十九届五中全会精神,全面落实2020年全国商务工作电视电话会议要求,服务构建以国内大循环为主体、国内国际双循环相互促进的新发展格局,助力发展数字经济、建设数字中国,更好发挥电子商务作为数字商务最前沿、最活跃、最重要组成部分的创新引领作用,充分释放数字技术和数据资源对商务领域的赋能效应,全面提升商务领域数字化、网络化、智能化水平,切实推动商务高质量发展"。在享受数字商务带来的便捷服务的同时,应重点考虑以下问题:

(1) 什么是数字商务?

(2) 数字商务会在哪些场景中得到应用?

(3) 发展数字商务会带来哪些经济效应?

第一节　数字商务的含义与特征

一、数字商务的含义

数字商务(Digital Commerce)是指利用互联网、物联网、无线通信等通信技术和数据分析手段将商务的流程、渠道、营销、运营等流程数字化、互联网化、智能化。在业务范围上，数字商务类似于 IBM 在 1997 年定义的电子商务(e-business)，即通过使用互联网技术对关键业务流程进行转型。数字商务转型涉及利用移动设备、云计算、大数据分析、人工智能和物联网等数字技术来创造新的商机、提高效率、增强客户体验和推动创新，要求组织通过采用新技术、重新思考其商业模式并发展数字能力来适应数字时代，从而在数字经济中保持竞争力。

数字技术的发展和数据的广泛可获得性推动了数字商务的产生和发展，数字商务是数字经济在商务领域的具体体现，也是数字经济最活跃、最集中的表现形式。作为数字经济最前沿、最活跃和最集中的具体表现形式和组成部分，数字商务聚焦于商务活动，通过数字赋能，孕育新的商业模式，创造新需求，培育新供给，提升效率和运行质量，成为中国经济新旧动能转换的新引擎。[1]

随着数字技术与商务活动融合的不断拓展与深化，数字商务的内涵也在不断丰富，数字商务形成了由数据驱动为核心、以互联网平台为支撑、以产业融合为主线的数字化、网络化、智能化、融合化发展模式。数字商务以数据要素为关键资源，利用数字技术创新畅通生产、分配、流通、消费各环节，释放适应数字生产力消费潜力。数字商务强调数字技术在商业模式创新中的驱动与赋能作用，以及对资源优化配置、企业结构和业务流程的积极作用。通过使用数字技术实现新的商业逻辑，并为其利益相关者创造和获取价值。

---

[1] 参见王开前等：《中国数字商务发展报告(2021)》，社会科学文献出版社 2021 年版。

二、数字商务的特征

电子商务作为数字商务中最重要的组成部分,与数字商务具有一定的相似性。通过比较数字商务与电子商务的区别,可以发现数字商务的重要特征。国际公认的电子商务定义是由经济合作与发展组织提出的定义:电子商务是在计算机网络上通过专门为接收或下达订单而设计的方法进行的商品或服务的销售或购买。商品或服务通过这些方式订购,但付款和最终交付的商品或服务不一定要在网上进行。电子商务交易可以在企业、家庭、个人、政府和其他公共或私人组织之间进行。作为解释和应用该定义的指导方针,经济合作与发展组织澄清:该定义包括通过网页、外联网或电子数据交换下的订单,但不包括通过电话、传真或手动输入的电子邮件下的订单,因为它们不是"专门为目的而设计的"。通过与电子商务进行比较可以发现数字商务具有以下三个特征。

第一,数字商务的业务领域范围比电子商务更广。除了电子商务以外,数字商务还包括共享经济、网络教育、网络生活服务、网络医疗等范围。商务部《关于加快数字商务建设、服务构建新发展格局的通知》也明确表明,"电子商务是数字商务的最前沿、最活跃、最重要组成部分"。

第二,数字商务更加强调数据及新数字技术的应用。数字商务对电子商务的拓展,不仅体现在量上,更体现在质上,带来了更新颖的商务模式。电子商务是通过互联网等信息网络销售商品或者提供服务的经营活动,强调的是基于网络;而数字商务是数据、数字技术和数字商业模式的重要战略资产,不仅将大数据等更新颖的数字技术与商务相结合,还强调将数据的价值应用于商务活动。

第三,数字商务在社会生产过程中的应用更加广泛。电子商务注重商品或服务的交易和支付等商业活动,主要应用于社会生产过程的销售环节;而数字商务不仅被应用于销售环节,还被应用于社会生产过程的其他环节,更加深度融入实体经济。数字商务更注重数字化信息的交换和互动,强调数字技术的跨领域集成和跨产业融合,将数字技术的应用延伸到社会生产过程的其他环节,并实现商务网络化、智能化。

第二节 数字商务应用的驱动力与障碍

数字商务为企业与消费者带来的利益,促进了数字商务的应用。而开展数字商务所产生的可能风险与成本则成为其发展的阻碍因素。

一、数字商务应用的驱动力

(一)驱动企业采用数字商务的因素

企业关心的是数字商务的好处,其将如何影响企业的盈利能力或为企业创造价值。企业选择采用数字商务是由组织的利益驱动的,驱动企业采用数字技术的因素包括成本(效率)因素和竞争因素。成本(效率)因素包括补给、配送速度和销售、采购、运营成本等;竞争因素包括所提供服务的范围与质量和客户需求的满足程度等。

数字商务可以为企业带来的有形利益主要包括:来自新客户、新市场或者现有客户的交叉销售的新销售带来的销售额增加,实现了企业收入的增长;通过缩短客户服务时间、数字销售以及减少营销传播的印刷和分发成本,降低了营销成本;通过降低库存水平、实现更短的订购周期,降低了供应链成本;通过更高效的日常业务流程(如招聘、发票支付和假期授权),降低了行政成本。

数字商务为企业带来的无形利益主要包括:实现企业形象传播和企业品牌提升;反应更迅速的包括公共关系的营销传播;缩短产品开发周期,更快地响应市场需求;改善客户服务,满足客户对企业网站的期望;识别新的合作伙伴,更好地支持现有的合作伙伴;更好地管理市场信息和客户信息,更好地获得客户对产品的反馈;鼓励客户和供应商使用数字商务,企业可以与利益相关者建立持久的关系,实现"软锁定",客户或供应商会因转换成本而继续使用服务。

(二)驱动消费者接受数字商务的因素

数字商务的采用,可以从以下六个方面为消费者带来客户价值。

(1)商品信息内容。对于交易型网站或建立关系的网站来说,更详细的信息可为购买过程提供支持；对于快速消费品品牌来说，品牌体验可鼓励产品的使用。

（2）个性化定制。无论是以网站页面还是电子邮件提醒的形式接收的大规模定制内容，通常都被称为"个性化"。

（3）社区交流。互联网解放了消费者，让他们可以通过论坛、聊天室和博客评论、讨论任何他们想讨论的事情。

（4）便利性。数字商务使消费者具有了可以随时从电脑桌面上选择、购买甚至使用产品的能力。

（5）可选择性。数字商务提供了比传统分销渠道更广泛的产品和供应商选择，提供了比实体店更详细的信息。

（6）成本节约。人们普遍认为数字世界是一个相对低成本的购物场所，因为数字交易商的成本基础较低，员工和分销成本低于传统零售商。价格差是驱动消费者使用数字服务的关键方法。20世纪90年代末，廉价航空公司易捷航空通过提供2.5英镑的数字预订折扣，鼓励乘客从电话预订转向数字预订。

二、数字商务应用面临的障碍

（一）企业采用数字技术的障碍

企业引入数字商务存在一定的战略风险和实际风险。一个主要的战略风险是在数字业务投资方面作出错误的决定。互联网和技术的影响因行业而异，随着时间的推移，数字技术的影响会有所不同。对一些公司的影响很小，对另一些公司的影响可能很大，企业需要采取适合各自的应对措施。当广泛的利益相关者对数字商务提出要求时，管理者必须应对他们面临的数字化挑战。

引入数字商务还有许多实际风险需要管理，否则可能导致糟糕的客户体验，从而损害公司的声誉。糟糕的数字客户体验包括：网站由于访问者流量激增而崩溃；黑客侵入系统并窃取客户详细信息；在未经客户许可的情况下向客户发送电子邮件，从而招致客户不满，并可能违反隐私和数据保护法；订单货物的数字履行出现问题，这意味着客户订单丢失或延误；客户通过电子邮件、联系表单和社交媒体进行的客户服务咨询未能送达正确的人并被忽略。

(二)消费者接受数字商务的障碍

从消费者的角度来看,采用数字商务的障碍主要包括:没有感知到数字商务的好处;缺乏对数字商务的信任;对数字商务安全问题的担忧;缺乏相关的技能;数字商务的使用成本。

第三节 数字商务的应用场景

数字商务涉及将数字技术融入商务的各个方面,从客户参与和营销到供应链管理和内部运营,目标是使组织在数字时代变得更加敏捷、高效。数字商务创造的大部分商业价值,是通过更有效地利用信息和技术来提供新的增值服务和跨价值链流程的集成实现的。数字商务为企业创造价值的途径主要有:通过充分挖掘和利用信息,向组织的客户提供更优质的产品和服务,以增加销售收入;利用信息提高业务流程的效率,以实现成本降低;通过组织内部对信息的有效利用进行风险管理;利用信息和新技术进行创新,创造开发产品或服务的新方法。随着数字技术与商务活动的不断融合,数字商务的应用场景也不断拓展,本节主要介绍数字商务的三种主要应用场景:信息供应链管理、数字营销和数字客户关系管理。其中,信息供应链管理可被归为买方数字商务,后两者可被归为卖方数字商务。

一、信息供应链管理

利用数字通信来提高供应链效率,依赖于有效的信息交换和共享。信息供应链是以信息为中心的供应链观点,它提高了技术支持的供应链管理效率,解决了有效性的组织问题和技术挑战。通过收集、组织、选择、综合和分发信息,以实现在正确的时间、以安全的方式向正确的实体提供正确的信息,为供应链的合作方创造价值,实现技术驱动的供应链管理效率和效益。

(一)供应链管理的信息系统基础设施

供应链管理的信息系统基础设施需要为访问企业供应链信息的各方提供供应链流程的最新、准确、相关的信息。用户需要能够根据自己的需求对信息进行个性化查询：客户希望查看其订单的状态，供应商希望访问组织的数据库以了解其客户下一次可能下订单的时间。此外，信息系统的安全性也很重要，如果公司实行差别定价，就不会希望客户看到价格差异。对提供供应链信息的这些要求意味着需要建立一个集成的供应链数据库，并为各方提供不同的个性化视图。图 11-1 展示了一个典型的用于供应链管理的集成信息系统基础设施。

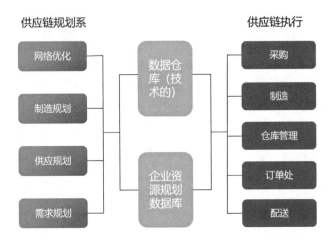

图 11-1　典型的供应链管理的信息系统基础设施

资料来源：《管理与数字化转型》。

供应链管理中使用的应用程序可分为规划供应链的应用程序和执行供应链流程的应用程序。现代供应链基础设施的一个主要特点是使用中央操作数据库，使供应链流程和应用程序之间能够共享信息。

(二) 信息系统支持的上游供应链管理

上游供应链管理的关键活动是采购和上游物流，信息系统支持下的上游供应链管理将变得越来越高效。

1. 电子采购

电子采购的目的是缩短采购周期和节约成本，主要通过减少工作人员的采购时间和降低库存来实现。电子采购的具体方式包括：卖方电子采购，直接从卖方网站采购，通常不与买方的采购系统集成；买方电子采购，将卖方目录与买方采购系统集成；市场采购，通过中介与许多供应商进行交易（可能与买方的采购系统整合,也可能不整合)。

采用电子采购涉及的组织障碍包括人员调动或裁员以及克服对供应商的不信任,而企业采用电子采购的五个关键驱动因素则是电子采购对以下方面的改进:通过改善合规性、实现集中化、提高标准、优化采购战略和改进数据审计,加强预算控制;通过加强供应商竞争、监督节约目标和降低交易成本,改善购买杠杆;实现电子采购流程的合理化和标准化,以缩短周期时间,提高管理流程的可视性和发票结算的效率;通过知识共享、生产率增值和生产率提高,以提高个人绩效;减少供应商数量,改进供应商管理、选择和整合。

未来,搜索供应商和产品的任务可能会由拥有明确的规则或某种程度的智能的软件代理接管。在互联网上,智能软件代理已经可以通过使用许多搜索引擎进行搜索以进行市场研究,将来还可能被用来搜索产品,甚至购买产品。它们可以使用预先确定的规则工作,也可以使用神经网络技术学习规则。

2. 上游物流管理

在利用技术管理上游供应链方面,许多食品杂货零售商一直走在前列。例如,乐购(Tesco)创建了乐购信息交换中心(Tesco Information Exchange,TIE),TIE 是与通用电气信息服务公司共同开发的,它是一个外联网解决方案,允许乐购及其供应商协同交换贸易信息。TIE 与乐购的主要系统相连,使供应商能够获得相关的最新信息(如电子销售点数据),以跟踪销售情况;供应商也能访问内部电话或邮件目录,以便快速找到合适的联系人。

无线射频识别(Radio-frequency identification,RFID)标签已成为供应链管理的革命性要素,被广泛用于物流目的。RFID 标签可以贴在仓库或零售点的单个产品上,并通过适当的 RFID 读取器技术对库存水平进行评估。RFID 读取器可以连接到一个系统,将物品的位置和状态上传到互联网,也就是物联网。在供应链和物流运作中采用 RFID 技术所带来的好处,远不止提高产品、货物和资产的识别率。RFID 技术还能为供应链绩效带来显著优势,越来越多的公司正在将其纳入战略规划。

(三)信息系统支持的下游供应链管理

在 B2B 环境下,下游客户获得的好处与组织通过上游供应链自动化获得的好处相似。乐购是利用数字商务进行下游供应链管理的先行者之一。乐购的下游供应链包括直接向顾客销售,乐购正在通过减少分店的作用来实施去中介化战略。作为一个早期采用者,乐购网站已经发展成为世界上最大的在线杂货网站。下游供应链管理的关键活动是出站物流。

出站物流对于兑现网站上建立的服务承诺至关重要。从多个地点运送物品来完成单个订单将会增加配送的人工成本,而要在所有配送中心备足每种产品则在财务上是难以承受的。通过将大数据等数字技术应用于出站物流管理,有利于改善企业的配送中心及产品库存的配置。

二、数字营销

(一) 数字营销的概念

市场营销是负责识别、预测和满足客户需求并从中获利的管理过程。市场营销强调以客户为中心,同时也意味着需要与其他业务运作相联系,以实现盈利。数字营销则是指通过数字技术和媒体的应用来实现营销目标。数字营销可以被认为是数字商务的一部分,相当于卖方电子商务。利用数字渠道来实现营销目标包含以下过程:一是识别,即利用互联网进行营销研究,以了解客户的需求和愿望;二是预测,预测对数字服务的需求(在线收入贡献)是管理数字业务资源分配的关键;三是满意实现,数字营销的一个关键问题是如何通过数字渠道实现客户满意。

(二) 数字营销计划

数字营销计划是对如何通过营销活动实现数字商务战略目标的详细说明。数字营销计划包括以下 6 个方面。

(1) 形势分析。包括对外部环境的考虑,重点是客户使用互联网的水平、竞争对手中的标杆和新进入者。

(2) 目标设定。在线收入贡献或在线销售额的百分比是数字营销所要设定的一个关键目标。对于因产品性质而无法进行直接销售的公司,可以设定网络将如何影响营销沟通、客户服务和降低成本的目标。

(3) 战略。在对产品是否适合直接销售进行评估的基础上,对适合直接销售的产品采用替代战略,替代战略可能涉及改变分销网络;对不适合直接销售的产品采用补充战略,将互联网作为额外的营销传播渠道。

(4) 战术。可以通过价格、地点、产品、促销、人员、流程等不同的营销组合要素审查数字营销战术。

(5) 行动。通过确定资源和时间尺度来规划数字营销策略。

(6) 控制。通过网站和传统渠道监测客户满意度和渠道绩效来实现控制。

(三) 数字媒体传播的特点

在成功开展渠道推广和提高渠道满意度这两方面,认识到互联网与其他媒体之间的差异是非常重要的。与传统媒体相比,数字媒体传播具有以下特点。

(1) 交互性。在传统媒体中,公司将营销信息传播到客户和其他利益相关方的过程中,公司与客户的交互是有限的。而在互联网等新数字媒体上,通常是客户发起联系,并在网站上寻找信息,通常是一种拉式营销传播技术。互联网可以用来创造双向反馈,这在传统媒体中通常不会发生。

(2) 智能。互联网可以作为一种成本相对较低的营销研究收集方法,特别是有关客户对产品和服务的看法的研究。而用户对网站的点击记录也可以用网络分析工具进行分析。

(3) 个性化定制。不同于传统媒体那样向所有人传播相同的信息,数字营销传播可以针对个人进行定制。

(4) 集成。许多公司现在都在考虑如何将电子邮件回复和网页回拨整合到现有的呼叫中心或客户服务业务中,互联网为整合营销传播提供了进一步的空间。

(5) 位置的独立性。数字媒体可以帮助公司扩大对全球市场的传播范围,给公司提供了进入以前可能无法进入的国际市场的机会,使得在没有当地销售或客户服务力量的情况下向一个国家销售成为可能。

三、数字客户关系管理

(一) 数字客户关系管理

有效的客户关系管理能够帮助企业对客户的需求以及如何满足客户需求形成更好的了解,并通过以下方式帮助企业增加收入、提高盈利能力:提供客户真正需要的产品和服务;提供更好的客户服务;更有效地交叉销售产品;帮助销售人员更快地完成交易;留住现有客户并发掘新客户。

网络的互动性与电子邮件通信相结合,为发展客户关系提供了理想的环境,而数据库则为存储和提取客户关系信息奠定了基础,从而通过改进个性化服务来加强客户关系。这种数字化客户关系管理方法通常被称为数字客户关系管理。数字客户关系管理是一种旨在创建、发展和加强与目标客户的关系的商业方法,通过提高客户价值和企业盈利能力实现企业价值最大化。

数字客户关系管理活动包括:利用网站和在线社交平台进行客户开发,从产生销售线索到在线或离线销售转化,利用电子邮件和网络内容鼓励客户购买;管理客户档案信息和电子邮件列表;通过手机、电子邮件和社交网络管理客户联系选项;提供在线个性化或大规模定制设施,自动推荐产品;提供常见问题、回电和聊天支持等在线客户服务;管理在线服务质量,确保首次购买者获得良好的客户体验,鼓励他们再次购买;管理多渠道客户体验。

(二)客户关系管理的数字技术工具

在客户关系管理中,可供企业选择的数字技术工具包括以下 5 种。

1. 搜索引擎优化

搜索引擎优化是一种结构化的方法,用于提高公司或其产品在搜索引擎自然或有机结果列表中选定关键词的位置。它还包括控制索引收录,或确保搜索引擎收录尽可能多的网站页面。

2. 在线合作

在线合作关系有三种主要类型:链接建设、关联营销和在线赞助。所有类型都应采用结构化的方法来管理与网站的链接。其中,关联营销是一种基于佣金的安排,电子零售商向链接到其网站的网站支付销售线索费用或访客费用。在线赞助是将品牌与相关内容或背景联系起来,以创建品牌意识和加强品牌吸引力,其形式应明显区别于横幅、按钮或其他标准化广告单元。

3. 数字广告

在线广告似乎能提供媒体乘数或光环效应,有助于提高其他在线媒体的响应率。例如,如果网络用户接触过横幅广告,品牌知名度和信任度可能会更高。

这可能会增加他们对付费搜索广告的反应,也可能会增加他们在网站上进行转换的可能性。

4. 电子邮件营销

在制定电子邮件营销传播计划时,营销人员需要为以下方面制定计划:出站电子邮件营销,即电子邮件营销活动作为一种直销形式,鼓励试用和购买,并作为客户关系管理对话的一部分;入站电子邮件营销,即管理来自客户的电子邮件,如支持查询。

5. 社交媒体营销

通过网络监测和促进客户与客户之间的互动和参与,以鼓励客户与公司及其品牌积极互动。互动可能发生在公司网站、社交网络和其他第三方网站上。

第四节 数字商务的经济效应

数字商务的发展,提高了市场透明度,有利于改善市场运行效率,增加市场机会;数字信息技术的应用及企业的数字化转型,改善了企业的经营管理,促进了企业的创新活动;通过影响企业的生产和交易成本及市场竞争,数字商务的发展可以改变消费者所面临的商品价格及商品选择范围,进而影响其福利水平。

一、提高市场效率,增加市场机会

数字商务的发展,提高了市场透明度。市场透明度的提高,有利于改善市场运行效率,并为微型企业和发展中国家创造了机会。

(一)市场透明度的提高,有利于改善市场运行效率

数字商务的发展,降低了消费者的搜索成本和生产者的销售成本,从而改善需求和供应之间的匹配。并能够通过增加信息和选择来引入新产品,为消费者提供了更多获得更广泛产品的机会,从而更好地适应需求。

(二)数字商务的发展,为微型企业和发展中国家创造了机会

数字商务的发展为微型企业获取信息和专门知识创造了机会,可以帮助它

们改进产品和服务，使其能够进入以前可能无法进入的市场。充分利用这些机会，微型企业能够扩大客户群并扩大收入来源。尽管互联网的发展改善了企业发展条件，但数字鸿沟使最贫穷的国家难以利用这些有利条件。数字商务有可能通过以下方式提供新的发展机会，以弥合数字鸿沟：通过运用低成本的移动技术，增加获得数字商务能力的机会，尤其是在互联网基础设施有限的地区；通过在线市场和在线拍卖，减少或改变中间商的使用，降低成本并提高价格的透明度，从而使发展中国家受益。当然，要充分发挥数字商务的作用，还需要克服数字基础设施落后、获得技术的机会有限、数字素养水平低等障碍。

二、改善企业经营管理，促进企业创新

（一）数字信息技术的应用改善了企业的经营管理

互联网、大数据、云计算、区块链等数字信息技术在商业领域应用范围的拓展，将推动商业活动各环节实现数字信息的交互联通，实现企业的精细管理和精准服务。数字商务降低了企业的采购和库存成本，改善企业的供应链管理，从而促进企业效率的提升。准确、及时的数据是企业进行正确经营决策的基础。伴随商务数字化发展，企业获得了越来越详尽的用户数据，使其能够及时掌握用户需求状况及变化趋势，并作为改善企业经营管理的基础。数字商务使组织能够重组其运营，通过分配后台运营、研发、售后支持和市场营销等各种增值活动来利用全球化的优势，以匹配地域竞争优势，从而提高了企业效率和灵活性。企业能够在全球范围内高效地交付商品和服务，并加快新产品的市场进入和产品的大规模定制。

（二）数字化转型促进了企业的创新活动

随着数字商务的不断发展，企业通过数字化转型，将数字信息技术应用于日常生产经营活动，利用数字工具和技术来改善其业务流程，促进企业创新。首先，企业能够将营销方法与互联网技术相结合，从而提高在线活动和交易的频率。这种从传统的线下业务向在线业务的转变，使企业能够节省资源并倾向于在线营销。其次，数字商务的发展，打破了传统商业模式的时间和地点限制，为企业创新提供了良好的环境。它鼓励企业采用更适合互联网技术和互联网时代的思维和方法，

促进创新活动的发展。再次,通过利用数字技术,数字化转型提高了企业的效率,并可以引进相关技术人才,促进了数字时代新的生产和管理方法的发展。此外,数字商务促进了知识和技术的发展以及创新的交流,促进了企业间的合作和思想共享。

三、影响商品销售及消费者福利

（一）数字商务的发展,可以降低在线商品的价格

第一,数字商务带来的企业经营管理水平的提高,降低了企业的采购、生产、物流、仓储等经营成本,进而有利于降低其商品的销售价格。第二,数字商务可以降低企业的交易成本,如实体店维持成本或销售人员雇用成本,并可能降低销售价格。第三,数字商务平台允许消费者轻松比较不同商品的价格和特性,可以增加企业之间的竞争,降低商品销售价格。

（二）通过降低商品价格,扩大消费者的商品选择范围

数字商务可以提高消费者福利水平。在线零售商的管理费用通常低于传统的实体店,这可以转化为更低的商品价格。数字商务还可以增加企业之间的竞争,在线零售商可以在全球范围内相互竞争,为消费者带来更优惠的价格和更多选择。商品价格的降低与可选商品种类的增加,提高了消费者福利水平。

（三）数字商务的发展,也可能对线下销售产生不利影响

一方面,数字商务也可能导致市场集中和少数大型在线销售商的主导地位,这可能会减少竞争并导致商品价格的上涨;另一方面,数字商务可能产生分销效应,它可能有利于能够使用在线平台和数字技术的消费者,而对那些无法使用在线平台和数字技术的消费者不利,并可能导致传统零售行业从业人员的失业。

思考题

1. 什么是数字商务?
2. 简述数字商务的特征。
3. 简述数字商务的经济效应。
4. 简述数字商务应用的场景。

第十二章

数字治理发展

本章学习要点

1. 了解数字治理的内涵；
2. 了解数字治理的应用场景；
3. 理解数字治理的未来发展趋势。

数字经济时代，数据作为新生产要素全方位渗透物理世界，亟待定义新型融合空间的治理规则，数字治理必将重塑全球科技、政治、经济、主权贸易、安全等竞争格局。现实＋虚拟世界构成的数字融合空间，极大地改变了物理世界治理规则。云服务＋交互网络优化＋智能终端设备使数据渗透到各行业中的方方面面，形成数字金融、数字制造、数字健康、数字城市、数字文娱、数字交通等新兴的数字行业领域。数字治理的全球崛起，既是人类历史性的机遇，也是前所未有的挑战，尤其是理论的研究和实践的摸索，都正在全面展开。我们既要从自上而下的理论思考出发，也要从自下而上的实践入手，全面思考数字治理这一事关人类命运和前途的重大事件。在学习本章的过程中，重点思考以下问题：

(1) 数字治理是如何发挥作用的？

(2) 数字治理适合应用的场景有哪些？

(3) 数字治理未来的发展趋势如何？

第一节 数字治理的理论内涵

一、数字治理的理论发展

数字治理的概念起源于 20 世纪 90 年代。通信技术日益在改变经济社会生活后进入人们的视野,在电子商务、电子政务等概念出现后,学界需要一个新的概念来描述数字时代全新的治理模式。针对新公共管理运动带来的碎片化问题,整体性理论应运而生,代表人物佩里·希克斯(Perri Six)认为未来的治理需要政府部门进行纵向层级整合、横向功能整合及公私部门整合。

数字技术在治理领域的实践给整体性理论提供了实践可能,二者作为实践基础和理论支撑共同催生了数字治理概念的产生。米歇尔·巴克斯(Michael Bacchus)认为数字治理包括广义和狭义两个部分。从广义上来说,数字治理指的是电子技术支持下的整个社会运行和组织的形式,包括对经济社会资源的综合治理;从狭义上来说,数字治理指的是政府与经济社会的互动,以及政府内部运行中运用电子技术,来易化政府行政,提高民主程度。从帕特里克·邓利维(Patrick Dunleavy)《数字时代的治理》提出网络等信息技术的发展是推动数字时代政府治理的重要力量,到米歇尔·巴克斯(Michiel Backus)区分了政治权力和社会权力重构的广义数字治理范畴,以及信息技术提升经济及政府治理的狭义数字治理定义,再到马克·霍哲(Marc Holzer)和金尚泰(Seang-Tae Kim)指出的数字治理的多元角色定位,包含数字政府和数字民主(如公民参与治理),以及数字技术赋能治理框架多元化,这三者构建了现代数字治理理论的"铁三角"(见表 12-1)。

国内对于数字治理概念的研究最早出现于 2004 年,徐晓林、周立新讨论了通过数字技术改变政府、企业、社会的互动,进而促进政府善治,并构建了数字治理与善治的相关理论体系。竺乾威于 2008 年在《从新公共管理到整体性治理》一文中系统介绍了整体性治理理论;在《公共行政理论》一书中介绍了帕特里克·邓利维关于数字治理理论的观点。之后,国内公共管理学界对该理论的关

表 12-1　数字治理理论体系、代表理论与派别

时间	第 一 代 1989—1997 年	第 二 代 1997—2006 年	第 三 代 2006 年至今
理论体系	公关管理与小政府统治（管理、统治 VS 治理）	整合主义治理理论	信息技术治理理论（重点强调新的信息技术，如移动互联网技术、智能技术、云计算技术）
		治理的实质是强调治理的机制，这些机制不再依赖政府的权威或强制，而是平等多元主体的互动，以及行动主体间的相互影响	
代表理论	公共治理、民主治理	整体性治理、参与式治理、协同治理	数字时代治理、网络治理、新公共治理、合作治理
派别	新公共管理治理、没有政府的治理	治理的兴起；公众为中心、政府体制机制创新、整体主义，也开始重视信息技术；整体性治理理论为数字时代治理理论的发展奠定了深厚的理论基础	

公共管理的衰微→信息技术的发展

注度有所提高。国内数字治理的早期研究侧重信息技术手段的应用，研究普遍存在"轻理论、重应用"的现象，并且关注视角有限，通常和电子政务、电子治理等技术治理手段相关联，具有明显的技术导向性；后期研究则侧重理论的比较，数字治理应用的总结与反思，以及数字治理体系的构建。越来越多的学者注意到数字治理在不同语境下的内涵不同，指出数字治理通常有两层含义：一层是"对数字治理"，另一层是"用数字治理"。前者意味着数字化带来了新的经济增长，使得经济生产和社会组织形式都发生了新变化，这种新变化所带来的治理挑战需要公共管理学科积极面对；后者意味着社会治理、政府管理可以借助数字技术加以改善，这便对公共管理学科提出新的要求。

二、数字治理的基本内涵

数字治理是依托数字技术运用而进行的参与、互动与合作，构建融合信息技

术与多元主体参与的一种开放多元的社会治理体系。在不同的主体和视角下数字治理的范畴和内涵有所差异。其中,还涉及一系列与数字治理紧密相关的概念。例如,数字主权是选择、催生、获取、应用、利用数字技术、数据、基础设施的能力和自由;数据主权则是国家对本国数据进行管理和利用的独立自主性,包括所有权与管辖权;数据治理涵盖政策、流程、责任与管控方式,也涉及数据全生命流管理各环节,目的包括数据价值提升与风险防控。

就治理对象而言,对数字治理包括纵向和横向两个维度。纵向既包括物理空间,又包括网络空间;横向包括数字技术、数字基础、数字经济、数字社会、数字政府等不同领域。就治理结构而言,不同议题因互联网所搭建的网络结构而形成相互影响的有机整体,并因此体现为不同层次、不同议题、不同生态、不同系统间的耦合。就治理目标而言,数字治理任务不但是对当前数字秩序的维护,而且要着眼于数字化转型的长远发展,通过理念提出与战略规划,促进数字化转型向信息社会有序、有力迈进。

从国际层面出发,数字治理包括全球数字合作及竞争(跨境贸易、国际公约);从国家层面出发,数字治理的重点是数字或数据主权及安全;从地方或区域层面出发,数字治理是数字化治理及数字化改革;从行业层面来看,数字治理是对行业层面的数据监管及数字化转型升级;而站在企业的视角上,数字治理是企业内部的数据管理和开发利用。

第二节 数字治理的应用场景与实践

一、宏观调控数字化

数字技术在改变经济行为的同时,也为宏观经济调控提供了新工具、新想象、新可能。以数据为纽带,以产业链、创新链、供应链融合应用为驱动,全面链接宏观经济运行的全要素、全环节、全过程,实现宏观经济的资源高效配置和活动高效协同,促进宏观经济调控更加精准化、科学化、合理化。

(一) 提升宏观经济监测能力

以数字化手段将各行各业产生的数据进行集中实时记录,必要时予以调用分析,能帮助有关人员清晰、准确地描绘经济运行的实际情况,为宏观经济监测打下良好的基础,为宏观经济平稳运行提供技术保障。

(二) 增强宏观经济预测水平

在宏观经济预测方面,摒弃以往统计调查的方式转而向实时调查统计靠拢,为政府精准把控经济运行提供了保障,而且精准及时的预测能够为宏观经济提供先导性的指示,促使宏观经济从依靠经验决策向凭借科学决策发展、由以往的定性分析向定量分析改变,使各种经济调控措施可以更加精准地解决各项经济发展问题。利用大数据技术挖掘"海量数据",归纳总结提炼其中蕴含的经济规律,这对于我国完善宏观经济调节体系、提高经济治理效能大有裨益。数字技术能够搜集经济活动所产生的数据并且通过分析总结,进一步揭示经济活动的规律。

(三) 提高宏观经济决策效能

宏观经济调控最大的初衷就是规避世界经济发展带来的冲击,应对全球经济下行带来的考验,实现国内经济高质量发展。采用数字技术实现宏观经济决策科学化发展,提升宏观经济决策能力成为中国经济发展的重要动能。从工具层面来看,数字化手段有利于改变以往宏观经济决策依靠经验的发展模式,基于经济运行的实时监测,提前预判经济发展走向,促使数字技术成为辅助宏观经济决策的重要手段。数字化以强有力的技术手段促使宏观经济决策更加精准、有效,推动宏观经济决策机构改变"拍脑袋"决策的旧思维,树立数字化决策的新思维,让数字化贯穿于宏观经济决策的全环节、全要素、全过程。需要注意的是,数字技术在辅助宏观经济决策时,并非完全不考虑经验决策,而是要在经验决策的基础上强化技术支持,将经验决策与技术辅助相互结合,建立经验决策与技术决策深度融合的科学决策机制。

二、市场监管数字化

加快市场监管数字化,是实现市场治理现代化的关键。从实践角度来看新技术已不同程度地融入市场监管中。其核心是以互联网技术突破时空限制实现监管数据随时随地流通，以大数据、云计算技术采集、存储、分析海量的监管数据，以物联网技术拓展政府、经济和社会行为的数据获取渠道，以区块链技术实现透明化、可追溯监管，以人工智能技术实现市场监管精准感知、实时预警，极大地提高市场监管的精准性、有效性、及时性。

（一）增强监管主体履职能力

当下，大量的市场主体正在有意识地进行数字化、智能化变革，绝大多数行业把智能化、数字化当作生命线来看待，为此投入了大量的人力物力，相当多企业的信息化建设处于国际先进水平。如今，政府监管对象及其活动形态日趋数字化，生产在智慧化、经营在智慧化、消费者行为也在智慧化。网约车、共享单车、共享民宿、直播等新业态不断涌现并快速扩张，传统监管方式无法适应"互联网＋"业态的监管需要。新技术与经济社会活动深度融入的同时，也日渐成为市场监管数字化的重要技术支撑。形势呼唤智慧监管，监管者的数字化水平应领先于市场。作为监管者的市场监管部门的监管系统如果此时还停留在一些浅在层面，被监管对象比监管者还"先进"，有些领域就会成为监管盲区。对此，市场监管部门应全面推进智能化、数字化，畅通市场主体与监管部门的智慧监管通道，加强大数据汇集、分析和应用，开发更多智能化、人性化的便民系统，以智能化手段防范、预测市场违法行为，以智能化工具获取隐蔽违法线索，以科技助力不断进化的市场生态。

（二）提升监管权力配置能效

市场监管数字化符合政府治理现代化的内在要求。过去十几年是信息化建设与市场监管部门初级融合的阶段，即便如此，市场监管部门也取得了巨大的社会效益。门户网站的出现，促进政府信息公开进程，无纸化办公系统提高了内部公文流转速度，从总局到地方的多级视频会议系统将工作安排秒速传达至基层。近些年，全程电子化登记系统、企业信用信息公示系统、食品追溯系统、大数据分析系统……这些智能化、数字化工具纷纷上线，不仅惠民、利民、便民，还为市场监管部门积累了海量的数据资源，为深化科技型市场监管奠定了基础。

三、城乡治理数字化

5G、大数据、人工智能等技术正在融入日常的社会管理中,成为现代科技嵌入社会治理的重要载体。数字技术能够通过突破社会沟通的时空壁垒,凝聚多元治理主体,实现协同式社会治理;同时,通过破解信息碎片化问题,诊断出复杂多元的治理事项,实现精准的社会治理。

（一）通信网络推进社会治理更为精准

5G网络、物联网、宽带网是信息流动的"高速公路"。如果信息高速公路建好了,则可以扩大社会治理的覆盖面,实现社会万物互联、广泛连接智能感知,全方位地把控社会的各个方面,将之前触及不到的方面纳入管理。以城市治理为例,随着5G大规模部署和物联网的广泛应用、全面感知、交叉互联、智能判断、及时响应、融合应用的"数字孪生城市"已经形成。数字孪生城市可以推动数字城市与现实城市同步规划、同步建设,使城市空间结构和基础设施得到极大的改善,即使在资源消耗总量减少的情况下也不会对城市的运行造成不利的影响。同时,5G等数字技术以其特有的技术优势可以改善地区的经济发展水平,提高人口的融合汇聚能力,开创网络化共享、协作开发的新局面,已初步形成社会治理新模式。

（二）大数据、人工智能等技术推动社会治理更加科学

大数据应用于社会治理中,不仅能够丰富信息的获取渠道,保证数据的真实性与实时性,还可以提升社会治理的精细化,使治理成本随之降低。如今,面对风险监测、政府办公、公共服务、紧急情况响应等社会治理数据日趋海量化的发展趋势。作为一项辅助技术,人工智能可以在一定程度上缓解政府在及时有效回应公众多样化和个性化需求方面的压力,从而改善社会治理的服务水平与效率。

四、公共服务数字化

（一）公共服务供给能力有效提升

我国公共服务供给逐渐向数字化转型,数字技术创新与公共服务相结合不

仅带来了公共服务供给领域的新模式,而且带来了公共服务供给的新业态。同时,我国也十分重视公共服务供给。在数字赋能和国家支持双重因素的影响下,我国公共服务供给能力逐年提升。在数字技术推动下,政府可以通过不同的部门、不同的层级进行数据信息的辨别、分析、预测,并以此作为基础精准施策的依据,这样不仅能够确保公共服务资源分配的公平和高效,还能明显增强政府各个部门的协同交流和共同决策的合作性,保证公共服务供给的高质量、高效率、高水平。同时,也能有效减少影响公共服务效率的不利因素,例如信息不对称等。在具体实践中,物联网、大数据等新技术构建的远程医疗、远程教育等平台不仅可以有效扩大公共服务供给的区域范围。在长期的实践中,我国利用数字技术有效增强公共服务供给能力,大大提高了人民群众的满足感、幸福感、安全感。

(二)公共服务渠道日益协同多元

数字化不再拘泥于传统的线下服务,而是使公共服务渠道日益多元化。以往政府通常是数据的发布者和传递者,拥有大量的数据,存在政府与社会间数据不对称的现象。随着公共服务数字化的发展,政务微博、政务微信、政务APP等多种互动渠道竞相涌现。公共服务政策制度经过政务新媒体官方平台发布,形成网络"大喇叭"效应,网民可以看得见,有些网民可以选择转发,从而推动公共服务信息及时传播,使之在很短的时间内获得很多人的关注。同时,政务新媒体可提供公共咨询服务。政务微信是在政务微博兴起后的另一条政府和群众及时沟通的"高速通道",各类"服务号""订阅号"更加有利于服务群众,为群众提供便利服务。政务APP是目前公共服务供给的又一形式,实现打通服务"最后一米"。前两者主要侧重于政民互动和信息传播,微博和微信打破了政府网站单一信息源,使人们可以主动了解政府信息,同时政府也能更快地了解群众的想法,再修正调整利民政策,促使群众在公共服务供给管理中发挥重要作用。政务APP把保障和改善民生作为重中之重,主要集中于交通、信息传播、医疗等重点民生领域,便于实现不同类型的公共资源配置优化和高效率应用,给解决民生问题带来全新技术和途径。

(三)数字应用创新日趋活力倍增

互联网、大数据等数字技术的高速发展,极大地改变了人们的生活方式。与此同时,数字应用在公共服务中迅速发展,催生了大量应用场景,提供新方法、新产品、新概念、新业态。例如,浙江省的"最多跑一次"是数字技术在政务服务应用创新中的重要一步,引领政务服务在线化发展,提高服务工作效率,给人们带来便利快捷的体验,努力实现"最多跑一次"甚至"一次也不跑"的目标,让人们在家就能把事办好;江苏省通过"不见面审批"与政务服务网建设相结合,避免了群众办事难、找人难的问题,一切为了群众的便利,营造了安心、放心、省心的政务服务环境;杭州市打造的"1353"政务数据共享体系,累计收集数据399.49亿条,发布亲民便利服务接口662个,有力地保证了政务服务的高效运行。

第三节 全球数字治理的发展历程

互联网技术不断的发展及其对人类生活的多样化渗透不断扩充着数字治理的内涵,从互联网治理、网络空间治理到全球数字治理的演进是一个历史的进程也是一种新的治理机制创新。早期的互联网治理活动集中于互联网关键资源的管理;进入网络空间后,互联网的社会属性被放大,国家不仅开始意识到互联网关键资源的战略意义,也将国家安全与网络安全相结合,主权国家以及拥有网络安全能力的科技企业成为网络空间治理的主要行为主体;随着数字经济对社会发展的影响力更加凸显,以数字经济开启的安全与发展并重的治理议题成为当前全球数字治理的重要议题。有必要对互联网治理到网络空间治理,再到数字空间治理的演进脉络进行一个系统梳理,这样将更加有利于认清互联网对人类社会带来的冲击并能作出更积极的应对。

一、互联网治理

互联网作为一项技术,自从1969年开发出阿帕网(ARPAnet),到20世纪70年代中期传输控制协议和互联网协议(TCP/IP)的发明,其早期治理活动主要是对互联网相关资源的协调与管理,核心在于互联网基础架构和协议的界定与操作。治理主体由技术社群主导,1983年由参与阿帕网项目的技术人员创立的互联网行动委员会(Internet Architecture Board, IAB)(后更名为互联网架构委员会)为互联网的发展提供长期的技术方向,1986年建立了开发互联网协议草案的互联网任务工作组(The Internet Engineering Task Force, IETF),1992年为从法律层面保护互联网技术社群成果而创立了私有的、非营利的国际组织互联网协会(Intenet Society, ISOC)。1998年成立的互联网名称与数字地址分配机构ICANN①,在互联网关键资源管理与分配中占据着核心地位,被称为是掌握网络空间封疆权的主体。② 在以上为代表的技术社群的互联网治理活动中,强调对关键互联网资源、互联网协议设计知识产权、网络安全管理及通信权的治理。技术社群的互联网治理门槛较高③,参与人员需要具备技术专业知识,但同时技术社群以个人主体参与的方式组织治理活动,更为灵活和高效。

20世纪90年代,互联网商业化和互联网民用普及率大大提升,互联网开始逐渐嵌入人们的社会经济活动中。对于互联网的治理工作也在联合国框架下的信息社会世界峰会(World Summit on the Information Society, WSIS)进程中逐步程序化。首先,2003年的信息社会世界峰会日内瓦进程成立互联网治理工作组(Working Group on Internet Governance, WGIG)将"互联网治理"正式纳入信息社会世界峰会谈的关键问题;其次,2005年的突尼斯进程首次明确了互联网治理的定义、议题和工作内容。④ 由此,互联网治理开启了多利益攸关方共同参与的政策制定和实践。

进入21世纪后,互联网技术应用产生的问题成为驱动互联网治理的关键动力。2005年互联网治理工作组的报告确定了四项互联网治理的主要领域,分别是与基础设施和关键互联网资源相关的问题、与互联网使用有关的问题(如垃圾邮件、网络安全、网络犯罪)、与互联网相关以及与发展相关的问题(如知识产权、

---

① ICANN (The Internet Corporation for Assigned Names and Numbers)具体的职能包括:互联网协议(IP)地址的分配、协议参数注册、通用顶级域名(gTLD)系统管理、国家和地区顶级域名(CcTLD)系统的管理、根服务器系统的管理和时区数据库管理。
② 参见杨剑:《数字边疆的权力与财富》,上海人民出版社2012年版。
③ Denardis L, "The Emerging Field of Internet Governance," SSRN Electronic Journal, 2010.
④ 2005年,WSIS会议首次明确定了互联网治理工作,认为其是"由政府、私营部门和民间团体通过发挥各自的作用制定和应用的,它们秉承统一的原则、规范、规则、决策程序和计划,为互联网确定了演进和使用形式",信息社会世界高峰会议成果文件2005, https://www.itu.int/net/wsis/outcome/booklet-zh.pdf。

国际贸易,特别是发展中国家的能力建设)。从这四项主导性议题可以看出,互联网诞生的前30年发展中,其治理主体从具备技术优势的技术社群扩展到非技术人员,治理议题从聚焦保障全球互联网稳定运转扩展到促进社会和发展领域,治理机制从参与门槛较高的社群组织到以互联网治理论坛为代表的开放式多利益攸关方参与平台,互联网治理活动的内涵与实践在不同程度上得到扩充。

二、网络空间治理

互联网的诞生源于军事需求,互联网的"空间化"认知也最早由军事领域率先提出。2000年美国军方首先开始将网络空间作为海、陆、空、天之外的第五空间,但此时的网络空间认知仍然强调信息技术基础设施的相互依赖性,虽然承认网络空间的存在,但并未充分阐明网络空间的互联性。然而,推动网络空间概念内涵不断充盈的动力正是互联网的连接性带来的影响,连接性是形成互联网终端点到线、线到面、面到网络立体空间的关键要素。

网络空间是互联网发展到高度普及阶段后出现的人类社会现象和世界新空间。网络空间的形成对以信息传播为基础的所有领域都将产生影响,打破了世界信息与传播旧格局,网络空间发生了从单层到立体的转变。在这个阶段,互联网已经不仅仅是信息传输的工具,而是把世界范围的信息传输系统、信息内容、经济与生活、国家与个人等多元纷杂的主体都连接起来,连接着地球上绝大部分的信息终端,形成一个实时互动的全球性信息沟通大系统。这个大系统将时间和空间高度压缩,具备的社会属性愈发浓重,网络空间和物理空间的同态映射和相互影响的作用被深入认识。

网络空间的治理活动也从互联网治理阶段的技术驱动型转变为影响驱动型,其影响包括政治、经济和社会层面的公共政策和安全领域,治理内涵更加层次化和体系化。网络空间带来的全面性影响形成了一种大格局,这种格局中充斥着网络空间的物理结构以及网络空间的制衡结构,承载着更多的权力博弈。在权力博弈中,主权国家成为参与者,以安全为基础的权力诉求成为首要博弈领域。从而在互联网治理向网络空间治理的这一演进过程中,网络安全议题起到关键作用。

军事领域对互联网空间化的感知促进了网络安全议题与国家安全战略的融合。特别是 2007 年爱沙尼亚首次遭受大规模网络攻击之后,被视为第一场"网络战"的攻击行为让此前军事层面的网络空间概念得到现实实践,网络病毒对国会、政府部门、金融和媒体网站的攻击对民用基础设施造成巨大损失网络安全上升至各国国家战略高度,网络空间安全成为一项新的全球议程,甚至一度作为互联网治理的一个子议题的网络安全议题侵蚀了互联网治理的主要内容。

网络攻击者的匿名性、网络攻击溯源难、网络攻击范围广等特点使网络空间完全自治难以奏效,政府参与网络空间治理变得必要。由此,传统国家间的政治博弈也渗入网络空间治理中。一方面是国家间数字竞争能力,如基于数据主权的能力竞争已经成为当下国家间能力竞争的前沿;另一方面是数字规则制定的主导能力,体现在规范国家和非国家行为体的网络行为、传统主权国家原则在网络空间的适用性、分配网络核心资源、支撑技术与标准和塑造网络权力等方面的规则制定。总体而言,网络空间治理中网络安全议题成为推动其治理进程的主力,网络空间的社会属性不断加强,治理内涵的体系性逐渐形成。

三、全球数字治理

网络安全议题的推动,形成了网络空间治理,数字经济议题的推动,则形成了当下的全球数字治理。2018 年前后,中国、美国、德国、法国等国家的数字经济占国内生产总值比重超过 30% 并呈上升趋势,数字经济将可能成为国家财富的主要来源。由此,数字经济成为推动全球发展和全球治理的一项新议程。2019 年,联合国数字合作工作组发布了《数字相互依存的时代》报告,就国际社会如何能够共同努力优化数字技术的使用和降低风险提出五项建议。这是首次以联合国为代表的权威性国际组织将数字空间治理提上国际议程中,标志着全球数字治理的正式开启。2020 年联合国秘书长古特雷斯(Guterres)又发布了《数字合作路线图:执行数字合作高级别小组的建议》,其是《数字相互依存的时代》报告的落实性文件。同年,世界经济论坛发表《为什么 2020 年是网络安全的一个拐点》文章,阐述了网络安全治理的倡议和行动已经逐渐达到饱和点,而后将是行动的落实和协调。由此,在国际社会层面,开始强调数字经济发展的重要性,安全和发展并重成为全球数字治理的新特征。

数字治理的理论研究起源于公共管理领域,是治理理论、网络化理论和整体性治理理论的融合性理论,主张信息技术和信息系统在公共部门改革中的重要作用,数字化过程是数字时代治理的重要组成部分。但随着人工智能、区块链、物联网、量子计算、5G等数字化技术的迅速发展,不仅带来了数字经济的腾飞,也深入渗透了人类物理空间和网络空间的活动。当前数字治理的内涵已经远超出公共部门信息化管理提升管理效能的范畴,是对整个数字空间活动的管理。数字治理缘于技术性的变革和驱动,是与原有制度、体制、机制相融合的技术嵌入的过程。有研究认为,全球数字治理是数字技术的开发和使用过程中形成监管的规范、机构和标准。也有研究认为,数字治理一方面是基于对数字技术本身的治理,另一方面是数字技术带来经济、社会、政治影响后形成新秩序的规则治理。笔者认为,全球数字治理是政府、企业、社会组织、公民个人等多元主体协同参与制定全球数字新秩序建构的制度和规则,既包括对新技术带来的社会经济问题的解决方案,也包括新秩序构建所需要的共识性原则和准则,议题涵盖了宏观、中观、微观各个层面治理的系统性议题。

第四节　数字治理的未来发展趋势

一、数智治理:未来发展新方向

数智治理时代已经悄然来临。数智治理通过技术创新推动城市的有序发展、社会的公平正义,实现数据纵深层面的赋能再造,维护城市系统的演变与均衡。"数据"是数字治理时代的核心。通过数据的全面获取,实现对数据事实的分析和逻辑推理,推动治理的有序运行。"数智化"治理能够充分发挥数据的价值,从数据生成、数据挖掘到数据决策,提供精准的公共服务。当治理数量、治理范围和其复杂程度以数据分析作为基础时,治理的规模就能得到有效计算、管理和控制。随着政府资源、部门智能和"数智化"对接零散的实体开始变成虚拟整体,大多数改革在技术推动下逐步深化,形成了横向贯穿、线上线下联合的格局。"数智化"标准高效的在线虚拟服务,值得政府大力推广。

数据开放与协同理念深层融合,促进城市多元共治与持续发展。在"数智化"的作用下,智能识别、实时跟踪收集城市发展动态和民众的意见,及时掌握民众的需求和诉求,民众参与性得到充分调动。智能技术通过数据的可视化和标准化,实现信息的点对点输送,数据开放和民众参与得到更大程度的发挥,形成一个共同体,治理效果事半功倍。和技术融合相比,知识聚集更为关键,数智治理强调参与过程公开透明,应增强内生型民主参与和外部领导。在数智化治理的实践探索中,杭州走在了全国前列。

由"数字化"治理向"数智化"治理的转变中,杭州将继续发挥"头雁"作用,将来也会有越来越多的城市加入数智化转型的队伍中来,通过"数智化"让城市系统更"智慧",促进城市治理实现"可持续智慧"。

二、数字政府:无边界数字治理平台

随着人类进入大数据时代,新技术、新事件和新政策层出不穷,信息交互、人员交互和部门交互正逐渐消融机构之间的刚性边界,无边界化治理的发展趋势日益显著,推进无边界化智慧政务的关键在于技术支撑、法律保障政策鼓励等的相互协同作用,打破智慧政务垂直信息协同边界、智慧政务水平信息协同边界、智慧政务内外信息协同边界与智慧政务地域信息协同边界这四种阻碍无边界化智慧政务推进的边界。

在信息技术不断地更新换代的背景下,无边界治理平台构成数字时代政府治理的网络平台,这一平台以大数据为基础,运用互联网、物联网、云计算、大数据和人工智能等信息技术实现部门机构内部、府际间和区域之间协同对接,为公民提供无缝隙公共服务。无边界数字治理平台是电子政务的高级形态,正在形成新的发展方向。大数据技术的应用消除了政府部门间的"数据孤岛"现象,当无边界数字治理平台提出动态的任务、使命与目标时,各部门的公共人才便可以通过无边界数字治理平台进行任务部署,在数字空间中创建工作组,形成更加高效的办公模式。

三、智慧城市：城市治理现代化

在城市治理的数字化转型中，北京、上海、深圳、杭州等城市分别根据城市大脑、数字政府、智慧城市等不同道路探索实践，开启了中国特色的城市数字治理的新时代。由于不同地区所面临的城市治理任务和重点不同，则要求城市大脑建设的重点和方向不同。事实上，即便在同一个城市内部，不同地区和不同部门对于城市大脑可能存在不同需求，这些都需要城市大脑适应不同的层级、任务和领域，才能够真正实现城市大脑服务人类多样性治理需求。如何精准识别当地的需求，这就需要城市大脑具备良好的交互性，良好的交互性强调城市大脑与环境之间的有效交互，这也符合互动治理的逻辑和思想，代表了治理研究的新方向。

(一) 基于数字孪生的智慧城市建设

数字孪生智慧城市是智慧城市物理实体精准在数字虚拟空间的数字化映射。数字孪生是通过数字化的方式来表达和描述城市中物理对象的全要素（人员、资源、设备、结构、空间、行为、活动等）。通过建模、仿真、模拟等数字技术手段构建智慧城市孪生模型，并对智慧城市中物理对象的全业务流程、全要素以及全生命周期进行数据融合，最终实现数字化表达以及可视化操控。在数字化映射的帮助下，智慧城市可以在数字信息空间最大限度地应用城市大数据，实现智慧城市管理及服务业务流程的优化闭环。在数据驱动下利用相关信息技术，在信息空间中完成数字化映射，可视化反映相对应实体的全生命周期过程的同时，实现业务流程的闭环优化，对智慧城市的全要素建构数字体系。[①] 建设数字孪生智慧城市，以推动智慧城市向更智慧阶段演进，在实践和理论维度得到了必要性确认。

(二) 城市大脑构建新型智慧城市

城市从21世纪科技发展趋势看，互联网正从网状结构向类脑模型演化。在人类智慧和机器智能的共同参与下，在物联网、大数据、人工智能、边缘计算、5G、

---

① Mark Austin, Parastoo Delgoshaei and Maria Coelho, et al., "Architecting Smart City Digital Twins: Combined Semantic Model and Machine Learning Approach", *Journal of Management in Engineering*, 2020, 36(4).

云机器人和数字孪生等前沿技术的支撑下,城市大脑涉及庞大数量的因素和技术,如何建设城市大脑,不同企业和城市提出了不同的建设重点,譬如以大数据为核心、以5G为核心、以超级计算为核心、以人工智能技术为核心等。城市大脑应针对不同城市现状,智能识别其面临的城市治理问题和民众需求,制定相应的策略方案。我国在利用城市大脑治理城市的实践方面已经取得了一定的成果。如杭州在国内首次提出探索城市大脑建设,已经实现了从"治堵"到"治城"的跨越,从单一场景到综合治理的转变,特别是在新冠肺炎疫情的防控工作中起到了重要的作用。杭州城市大脑的成功为今后智慧城市建设提供了案例借鉴,为今后推进城市现代化治理指引了方向。未来城市大脑的发展不只是局限于一个城市的内部系统,更是国家范围乃至世界范围内不同城市之间相互关联的复杂智能巨系统。

(三)全光智慧城市赋能数字政府建设

全光智慧城市是以千兆光纤网络为基础,融合5G、人工智能等信息技术构筑立体感知、全域协同、精确判断和持续进化、开放的智慧城市系统。伴随政府治理能力现代化和数字化转型,利用各种信息通信技术提升资源运用的效率,优化城市管理和服务能力是转型的关键。在数字政府建设中各省区市地方政府部门之间面临着从中央到地方纵向数据与各级政府横向数据打通和业务的统一承载的考验,大量的业务数据与办事系统的打通,势必带来网络拥挤、安全风险等一系列的问题,如数据丢失、系统卡顿等。加快千兆光纤建设,能够在支撑各部门业务统一承载的前提下,利用网络的物理隔离特性保障业务数据的绝对安全。

当前,各城市在"城市大脑""综合中心""应急智慧中心""数字孪生城市""物联网中心"等方面建设持续发力,"一网通办""一网统管""一号服务""一码通行""一机走全程""一屏窥天下"等越来越多的管理和服务加速落地。全国多个城市基于千兆网以毫秒级的超低时延、微秒级的超低抖动和超低丢包率,以及高带宽、高可靠、高可用、高智能的承载能力,提升一体化政务服务平台的运作效率,提升政府治理能力现代化。"粤省事""浙里办"等各地一体化政务服务平台频频上线,并不断推出高频套餐式服务、实时发布"好差评"结果等,打造政务服务全渠道服务矩阵。

四、乡村数字治理

(一) 数字乡村治理的制度体系逐渐完备

制度体系不仅包括宏观层面上的中央顶层体系的设计,还包括地方制度支持体系。党组织领导的自治、法治、德治相结合的乡村治理体系逐渐完善,构建起共建共治共享的乡村治理格局,形成稳定的制度框架,不同组织内部和组织之间的关系得到调整,关于数字社会的新的行为准则逐渐形成,满足村民需要的自上而下的乡村治理体系逐渐形成并完善,治理供需的协调平衡不断改善。

(二) 乡村新型基础设施建设更加完善

乡村数字化治理必须注重大数据、区块链和人工智能等数字技术的应用促进管理主体的任务执行、资源分配和责任承担。依托数字转型、智能升级、融合创新等服务的基础设施体系,数字基础设施可以构建新一代乡村治理模式,实现敏捷感知、数据资源采集与整合、智能分析计算、全面决策以及对突发状况预测。数字基础设施建设能有效缩小城乡数字鸿沟,为村民提供更多可选择的信息渠道,提供更加精细化、智能化的治理环境和精准化的公共服务,吸引更多的村民参与到乡村数字治理中,开启现代化数字乡村治理新篇章。

(三) 城乡数据鸿沟逐渐弥合

大数据技术的应用打破了数据壁垒和体制壁垒,共享大数据资源促成了"一核多元"的乡村治理格局逐步形成。可以通过层级部门之间的合作来实现不同部门之间的信息交换和资源共享,从而建立共建共治共享的乡村治理体系。

构建乡村统一的产业数据标准体系。分阶段推进乡村公共数据信息开放,逐步实现乡村农业、畜牧业和工业等产业的数字化转型,建立和完善农业大数据共享开放和开发研究的机制,加强数据标准化体系建设,完善乡村信息共享服务体系。

通过乡村数据共享交换平台体系可以实现乡村数字治理。乡镇政府通过对行政村信息系统平台数据的整合与分析,得出解决问题的对策思路。一方面,打通信息传递和政情民意双向互动的通道;另一方面,政府工作公开透明化,借助数字化平台,民意的传递更为便捷高效,减少了人为干预下治理需求的扭曲,进而有效提升民意的可见度和准确性。

 **思考题**

1. 什么是数字治理?
2. 数字治理应用的场景有哪些?
3. 数字治理的未来发展趋势如何?
4. 如何将数字治理与乡村建设以及学校教育相结合?

第十三章

国内外数字经济发展经验

本章学习要点

1. 了解国内外数字经济发展政策；
2. 了解国内外数字经济发展经验；
3. 尝试提出数字经济发展对策与建议。

数字经济是继农业经济、工业经济之后的主要经济形态,数字经济发展速度之快、辐射范围之广、影响程度之深前所未有,其正推动生产方式、生活方式和治理方式深刻变革,成为重组全球要素资源、重塑全球经济结构、改变全球竞争格局的关键力量。许多国家都高度重视数据发展,提出了相关发展战略和政策。本章我们应重点考虑以下问题：

(1) 数字经济发展战略的成效如何？
(2) 不同国家数字经济发展战略的侧重点有何不同？
(3) 中国未来数字经济发展战略的着力点是什么？

第一节 美国数字经济发展经验与成效

美国是数字革命的重要发源地,诞生了世界上第一台电子计算机,发明了阿帕网,率先提出数字地球、人工智能、电子政务、电子商务、大数据、云计算、共享经济、工业互联网等理念,发现了摩尔定律,加之高效的公共服务、前瞻的政策措施,发展数字经济具有先天的技术和人才优势,确保了美国 20 年来的领先地位。

一、美国数字经济主要举措

(一)超前的战略规划

美国商务部是美国数字经济的主要推动者,早在 1998 年,美国商务部发布《新兴的数字经济》报告,揭开了数字经济大幕,此后,美国出台了一系列数字经济政策和举措,如推出"探索数字国家系列规划"(2011,2013,2014)、"数字经济议程"(2015)、"在数字经济中实现增长与创新"(2016)、"数字经济的定义与衡量"(2018)等,确保了美国在信息技术革新、数字成果取得上长期的领先地位,引领了数字技术发展潮流。

2016 年 3 月,美国商务部还成立数字经济咨询委员会,任命来自协会、科技巨头、科研院校和金融机构的 17 名委员会成员。自成立以来,数字经济咨询委员会组织了多场专题研讨活动,就数字经济规模测算、就业、数字平台等问题提出了有针对性的政策建议,把发展数字经济作为实现繁荣和保持竞争力的关键。

(二)主导全球数字贸易规则

2016 年 7 月美国贸易代表办公室(United States Trade Representative,USTR)成立数字贸易工作组(Digital Trade Working Group,DTWG),以快速识别数字贸易壁垒,制定相应政策规则,倡导推进数字贸易自由化。其主要主张:一是坚持因特网应保持自由开放;二是对数字产品禁收关税;三是确保贸易伙伴不会采取进一步的保护性措施,例如,不能将缔约方数字产品置于竞争劣势地位,不能对跨境信息流建立歧视和保护主义壁垒,禁止强迫本国公司在计算服务中采取本地化策略,禁止要求公司向本国个人转让技术、生产流程或专有信息等。

(三)抢占主要技术领域

大数据战略方面,2009 年,美国提出"大数据"战略,并推出 Data.gov 大数据平台,依照原始数据、地理数据和数据工具三个门类,公布大量数据,并汇集 1 000 多个应用程序和软件工具、100 多个手机应用插件。同时,美国还成立"数字服务创新中心",开发 Sites.USA.Gov 网站帮助各机构建设即插即用型网站,并出台移动应用程序开发项目,帮助各机构对移动应用程序进行规划、测试、开发和发布。2012 年,美国公布"大数据计划",将"大数据"发展上升为国家战略,并宣布开始第一轮大数据研究项目。2014 年,美国再次发布《大数据:抓住机遇、保存价值》白皮书,提出支持大数据发展的一系列政策。

云计算战略方面,2009 年,美国成立云计算工作组,发布以《联邦云计算发展战略》为核心的政策体系。2010 年,美国发布《改革联邦信息技术管理的 25 点实施计划》,提出联邦政府信息技术项目要转向"云优先政策"。

工业互联网方面,2012 年,通用电气提出工业互联网的概念,并于 2014 年主导成立工业互联网联盟。2015 年,工业互联网联盟发布《迈出工程化第一步》,提出工业互联网总体参考架构,通用电气成为工业互联网的先驱与标杆。根据高德纳公司发布的 2019 年《工业互联网平台魔力象限》报告,全球范围内 16 家工业互联网平台魔力象限,美国有六家,中国只有一家。

(四)强化数字基础设施建设

美国提出要使超过 98% 的民众能够获得高速的无线网络服务。为强化智能手机和无线设备的应用,计划在十年内,建成更多可用的电波(如 500 mhz 频率光谱)。目前,支持无线基础设施建设的相关法案已通过,并且建设资金已到位。

在高速宽带基础设施建设方面,美国从《美国经济复苏法案》中拨付 70 亿美元,不断提高宽带的应用,特别是农村地区和公共计算机服务中心,并强化学校、图书馆、社区等互联网接入能力。

二、美国数字经济主要启示

(一)政府主动公开相关数据,形成创新氛围

政府掌握是"大数据"的主要来源。为使数据能够得到更深层次的应用,奥巴马(Obama)签署《透明与公开政府备忘录》,并通过设立奖金等形式,推动公众通过数据挖掘,发现和解决潜在问题。同时,美国提出"公开信息"倡议,放开信息管制,鼓励企业利用公开数据,为社会创造更多的财富和工作。

(二)以技术制高点形成战略长期优势

美国希望通过电子复兴计划(Electronics Resurgence Initiative,ERI)和联合大学微电子学项目(Joint University Microelectronics Program,JUMP),为军事和工业部门带来优势,并为美国的经济和未来的经济增长,提供独特的信息技术和对商业竞争力至关重要的处理能力。联合大学微电子学项目专注于中长期(8到12年)探索性研究,其价值将在2025到2030年这个时间线得以实现。

(三)重视具有重大突破性和前瞻性的科研项目组织规划

原创性技术突破是技术创新的源头,如果没有原创性的技术突破,创新将是无源之水。美国的重大技术创新,大多源于政府主导的前瞻性基础研究,尤其是与军事技术和军事工业相关的研究。重大创新成就的取得需要科研上长期的积淀和坚持,继而从量变突破为质变。

第二节 英国数字经济发展经验与成效

一、英国数字经济主要举措

2008年正值金融危机爆发阶段,发达国家都在奋力调整产业结构,推行一系列举措。

(一)将数字经济与战略上升到国家战略层面

2009年英国推出了《数字英国》。希望通过改善基础设施、推广全民数字应用站起来。《数字英国》被称为英国进行数字改革的纲领性文件。2015年,英国政府《2015—2018年数字经济战略》,倡导通过数字化创新来驱动经济社会发展,为把英国建设成为未来的数字化强国部署战略方向。2017年3月,英国文化、媒体和体育部发布《数字英国战略》对打造世界领先的数字经济和全面推进数字化转型作出全面部署,提出把数字部门的经济贡献值从2015年的1180亿英镑提高到2025年的2000亿英镑。2018年,英国在数字经济领域主要发布了《数字宪章》，进一步明确网络空间规范和准则，为数字经济发展奠定法律基础。

（二）发布一系列数字经济战略与行动计划

英国发布《产业战略：人工智能领域行动》《国家计量战略实施计划》等一系列具体战略行动计划，试图在数字经济的具体领域抢占制高点。其中，《产业战略：人工智能领域行动》提出打造"世界最创新的经济目标"。行动方案从构想、人、基础设施、商业环境、地区五个生产力基础领域制定了具体的行动措施，以确保英国在人工智能行业的领先地位。

（三）加大人才引进和培育力度

与学校、高校和业界合作培养高技能员工。设立人工智能硕士研究项目、设立全球图灵奖学金计划，吸引并留住最优秀的人工智能科研人才；培养更多的人工智能及相关学科博士；人工智能专业学生可通过EPSRC博士培训中心项目进行分配。

二、英国数字经济主要启示

（一）注重数字立法与保护

在加快鼓励数字经济发展的同时，英国也十分注重通过立法来保障发展成果和公众的权益。早在1998年，英国就颁布《数据保护法法案》。为落实《数字英国》战略，英国还于2010年开启了数字经济立法。该法案补充了英国原有的《通信法》《著作权法》等法律，开启了全球数字经济立法的潮流。

（二）打造产业园区，形成集聚效应

英国非常注重数字产业集聚效应，重点打造雷丁和布拉克内尔、布里斯托尔和巴斯、曼彻斯特和伯明翰等数字产业集群，南安普敦、康沃尔和邓迪的新兴集群开始浮现。数字科技加速与各领域渗透融合，教育科技（EdTech）、金融科技（FinTech）、健康科技（HealthTech）等新业态走在世界前列。

（三）建设数字生态环境

从政府、社会、企业等方面，构建数字经济生态环境。发布更高质量的公共数据，且具备机器学习适用的开放、易查询、可再利用的格式；设立地理空间委员会以决定如何最好地改进广大用户对地理空间数据的访问；为数据共享和使用提供法律保障等，为数字经济创新提供良好生态环境。

第三节　中国数字经济发展经验与成效

一、中国数字经济主要举措

（一）高度重视基础设施建设

我国政府高度重视基础设施建设，不断优化相关政策体系，促进数字经济发展。尤其是党的十八大以来，不断完善从顶层设计、战略部署到具体措施的政策支持体系，先后颁布了《关于积极推进"互联网＋"行动的指导意见》《网络强国战略实施纲要》《数字经济发展战略纲要》《"十四五"数字经济发展规划》等一系列政策文件，将数字经济上升为国家战略。目前，我国已建成全球规模最大、技术领先的网络基础设施，截至2022年年底，中国累计建设开通5G基站231万个，千兆光网具备覆盖超过5亿户家庭的能力。

（二）数字技术和实体经济深度融合

我国将产业数字化作为数字经济发展的主引擎，促进数字技术与实体经济深度融合，赋能传统产业转型升级，拓展数字经济发展新空间，是中国数字经济从规模上实现赶超的重要经验。

（三）重点领域核心技术攻关

瞄准大数据、人工智能、区块链、量子科技等新一代信息技术发展方向，加强数字经济领域核心技术的攻关，掌握数字经济发展主动权，在5G、量子信息、高端芯片、高性能计算机、操作系统、工业互联网及智能制造等领域取得一批重大科技成果。

（四）不断优化营商环境，促进数字企业高速发展

我国政府高度重视营商环境优化，为数字经济发展营造了鼓励创新、公平公正、包容审慎的市场环境，成为数字经济快速发展的有力保障。政府在适度超前建设数字基础设施、保障网络安全、完善治理体系等方面持续发力，维护良好数字营商环境。

二、中国数字经济主要启示

(一) 政府对数字经济科技创新的长期支持和引导

我国政府长期大力引导数据经济科技创新,重视产学研合作。例如,深圳有选择地面向全球大量引进优势科技资源,合作建立南方科技大学、深圳大学、清华-伯克利深圳学院等多所特色学校,深圳清华大学研究院、光启研究院、华大基因研究院、中科院深圳先进技术研究院等多家新型科研机构。

(二) 良好的数字经济生态环境

一大批行业领军企业在深圳成长、壮大、走向全球,这些都离不开深圳所营造的良好数字经济生态。数字经济是创新型经济,其发展离不开创新环境。北京、上海、深圳、杭州等城市的双创环境、政策支持在全国处于领跑位置,也是国家小微企业创业创新基地示范城市,这些都为下一步数字产业的快速发展奠定了良好基础。

(三) 重点营造数字经济集聚的大平台、大载体、大生态

中国数据经济逐步形成了以云计算、大数据产业为核心,构建了云产业生态、卫星云产业生态、物联网芯片产业生态、智能硬件创新生态等云栖四大特色产业生态。例如,杭州市同时以阿里大平台为抓手,集聚了全国近70%的云计算大数据产业顶尖人才,相继组建了西湖大学、之江实验室、中国科学院大学杭州校区、杭州北斗时空研究院、云栖工程院、浙商军民融合研究院等科研院所,并以此为依托迅速集聚大批高端人才。

思考题

1. 美国数字经济主要举措有哪些?
2. 英国数字经济主要举措有哪些?
3. 中国数字经济主要举措有哪些?
4. 美国、英国数字经济的发展对中国数字经济有何启示?

参考文献

1. 柏培文,张云.数字经济、人口红利下降与中低技能劳动者权益[J].经济研究,2021,56(05):91-108.
2. 蔡宏宇,阳超.数字普惠金融、信贷可得性与中国相对贫困减缓[J].财经理论与实践,2021,42(04):24-30.
3. 蔡跃洲,张钧南.信息通信技术对中国经济增长的替代效应与渗透效应[J].经济研究,2015,50(12):100-114.
4. 陈晓红,李杨扬,宋丽洁,等.数字经济理论体系与研究展望[J].管理世界,2022,38(02):208-224+13-16.
5. 郭峰,王靖一,王芳,等.测度中国数字普惠金融发展:指数编制与空间特征[J].经济学(季刊),2020,19(04):1401-1418.
6. 黄益平,黄卓.中国的数字金融发展:现在与未来[J].经济学(季刊),2018,17(04):1489-1502.
7. 李涛,刘航,荆文君,史宇鹏.数字经济学导论[M].北京:高等教育出版社,2022.
8. 李晓雨,杨欣.一本书读懂数字经济[M].北京:清华大学出版社,2021.
9. 马述忠,濮方清,潘钢健,熊立春.数字贸易学[M].北京:高等教育出版社,2022.
10. 王开前等.中国数字商务发展报告[M].北京:社会科学文献出版社,2021.
11. 许宪春,张美慧.中国数字经济规模测算研究——基于国际比较的视角[J].中国工业经济,2020(05):23-41.
12. 杨飞,范从来.产业智能化是否有利于中国益贫式发展?[J].经济研究,2020,55(05):150-165.

13. 余运江,杨力,任会明,等.中国城市数字经济空间格局演化与驱动因素[J].地理科学,2023,43(03):466-475.

14. 张勋,万广华,张佳佳,等.数字经济、普惠金融与包容性增长[J].经济研究,2019,54(08):71-86.

15. 赵涛,张智,梁上坤.数字经济、创业活跃度与高质量发展——来自中国城市的经验证据[J].管理世界,2020,36(10):65-76.

16. 周元任,陈梦根.数字经济测度的理论思路与实践评估[J].中国社会科学评价,2023(01):73-84+159.

图书在版编目(CIP)数据

数字经济概论/余运江主编. --上海：复旦大学出版社,2024.10. --(数字经济系列教材). -- ISBN 978-7-309-17585-1

Ⅰ.F49

中国国家版本馆 CIP 数据核字第 2024QF4649 号

数字经济概论
余运江　主编
责任编辑/朱　枫

复旦大学出版社有限公司出版发行
上海市国权路 579 号　邮编：200433
网址：fupnet@fudanpress.com　http://www.fudanpress.com
门市零售：86-21-65102580　　团体订购：86-21-65104505
出版部电话：86-21-65642845
上海华业装潢印刷厂有限公司

开本 787 毫米×960 毫米　1/16　印张 12.5　字数 190 千字
2024 年 10 月第 1 版第 1 次印刷

ISBN 978-7-309-17585-1/F·3060
定价：56.00 元

如有印装质量问题，请向复旦大学出版社有限公司出版部调换。
版权所有　　侵权必究